当代爱尔兰教育概况

冯建明◎等著

A Survey of the Education
in Contemporary Ireland

上海三联书店

《当代爱尔兰教育概况》为国家社会科学基金课题"爱尔兰文学思潮的流变研究"(15BWW044)和教育部社会科学基金课题"2017年度国别与区域研究中心(备案):爱尔兰研究中心"(GQ17257)阶段性成果,也是上海对外经贸大学课题"外国语言文学高原学科培育项目'爱尔兰文学思潮的流变研究'"、上海对外经贸大学内涵建设课题"乔伊斯与爱尔兰非物质文化遗产"、"'一带一路'战略格局下的爱尔兰与中国关系研究"(YDYL2018020)、"内涵建设之学科建设"、上海对外经贸大学学位点专项研究生创新人才培养建设项目:研究生教育精品课程:《乔伊斯研究》和上海对外经贸大学2020年内涵建设最终成果,本校2020年研究生"课程思政"示范课程建设项目"《爱尔兰文学研究》与民族核心价值观"最终成果,本校国际商务外语学院本科课示范课程建设项目"《英语泛读(Ⅲ)》与人类共同命运"最终成果。

《当代爱尔兰教育概况》编委会

编委会主任: 冯建明

编委会副主任: 秦 宏 于虹音

编委会成员(音序排序):

陈 豪　陈喜临　谌晓明　冯建明　胡怡君
李名峰　林 耘　刘淑云　鲁 瑶　毛 锋
秦 宏　单建国　童雨娟　吴 朋　夏 添
肖鸾仪　杨海燕　于虹音　张秀春　张蔚磊

撰稿、修订人员:

冯建明　童雨娟　林 耘　陈喜临

目 录

序 / 001

第一章 爱尔兰国情综述 / 001
一、基本国情 / 001
二、爱尔兰简史 / 003
三、现任领导人及政治局势 / 005
四、经济形势 / 008
五、文化特征 / 010
六、外交特色及与中国关系 / 014
七、中国使馆教育官员及联系方式 / 022

第二章 爱尔兰教情概况 / 025
一、教育简史 / 025
二、学制体系 / 031
三、教育管理机制 / 037
四、教育现状 / 039
五、爱尔兰教育的挑战和机遇 / 041

第三章　爱尔兰基础教育　　　　　　　　　　　/ 049
一、学前教育和特殊教育概况　　　　　　　　　/ 049
二、中小学义务教育　　　　　　　　　　　　　/ 057
三、升学模式和问题　　　　　　　　　　　　　/ 064
四、德育特色　　　　　　　　　　　　　　　　/ 065
五、少数民族基础教育特色　　　　　　　　　　/ 066
六、安全防范设施　　　　　　　　　　　　　　/ 068
七、基础教育面临的主要问题和改革设施　　　　/ 069
八、可资借鉴的经验教训　　　　　　　　　　　/ 071
九、爱尔兰知名基础教育学校简介　　　　　　　/ 072

第四章　爱尔兰职业教育和成人教育　　　　　　/ 078
一、职业教育的规划、协调、管理和标准等政策措施　/ 078
二、职业教育的规模、资金投入和来源、效果　　/ 082
三、职业教育面临的问题和改革措施　　　　　　/ 084
四、职业教育的经验教训　　　　　　　　　　　/ 084
五、职业教育中的继续教育　　　　　　　　　　/ 085
六、有影响力的职业教育机构　　　　　　　　　/ 086

第五章　爱尔兰高等教育　　　　　　　　　　　/ 090
一、爱尔兰高等教育概况　　　　　　　　　　　/ 090
二、爱尔兰高等教育的学科门类和专业目录
　　（分级、分类）　　　　　　　　　　　　　/ 093
三、爱尔兰高等教育机构发展情况　　　　　　　/ 094
四、爱尔兰高等教育面临的问题和改革举措　　　/ 095
五、爱尔兰高等教育著名学府　　　　　　　　　/ 096

六、可资借鉴的经验教训　　　　　　　　　　　　　/ 109

第六章　爱尔兰教育对外开放情况　　　　　　　　　/ 111
　　一、教育对外开放情况简介　　　　　　　　　　　/ 111
　　二、总体宏观政策　　　　　　　　　　　　　　　/ 112
　　三、参与国际教育组织　　　　　　　　　　　　　/ 115
　　四、负责教育对外开放的相关机构及其简介　　　　/ 118

第七章　爱尔兰留学服务信息　　　　　　　　　　　/ 120
　　一、爱尔兰留学优势　　　　　　　　　　　　　　/ 120
　　二、留学生规模、国别及中国留学生情况　　　　　/ 124
　　三、留学生招生政策　　　　　　　　　　　　　　/ 125
　　四、留学生报考流程　　　　　　　　　　　　　　/ 131
　　五、留学生针对性准备　　　　　　　　　　　　　/ 132
　　六、留学生管理机构　　　　　　　　　　　　　　/ 135
　　七、留学服务机构　　　　　　　　　　　　　　　/ 136
　　八、行前准备　　　　　　　　　　　　　　　　　/ 138
　　九、到达及注意事项　　　　　　　　　　　　　　/ 141

第八章　爱尔兰办学服务信息　　　　　　　　　　　/ 144
　　一、各级主管部门（网站、负责人等相关信息）　　/ 144
　　二、政府间合作办学政策　　　　　　　　　　　　/ 145
　　三、社会资本办学政策　　　　　　　　　　　　　/ 148
　　四、申请办学流程　　　　　　　　　　　　　　　/ 150
　　五、办学模式　　　　　　　　　　　　　　　　　/ 150
　　六、特别注意事项　　　　　　　　　　　　　　　/ 152

七、办学风险评估　　　　　　　　　　　/ 153
八、合作办学成功案例　　　　　　　　　/ 157
九、中资办学情况　　　　　　　　　　　/ 161

参考文献　　　　　　　　　　　　　　/ 163
后记　　　　　　　　　　　　　　　　/ 168

序

若论国别与区域中的人文研究，那么我们就不能回避对欧洲岛国爱尔兰的研究。在爱尔兰岛上，历史的发展和政治区域变化深刻影响着爱尔兰的政治和文化。总体上，国内外爱尔兰研究已取得巨大进展。自中国与爱尔兰于1979年6月建交以来，双方彼此信任、相互合作、重视交流，两国为促进经济发展、推动社会繁荣和维护世界和平作出了贡献，并建立了深厚的友谊。在两国的重要城市中，不仅北京与都柏林成为姊妹城市，上海与科克也成为姊妹城市。"中-爱"两国代表性城市之间友好关系的建立具有深远意义，其进一步加强了"中-爱"友谊的凝聚力。

一、中国的爱尔兰研究环境

中国的改革开放政策具有重大意义，为中国的爱尔兰研究带来了黄金时期。在爱尔兰政治文化研究领域，中国学术界不断地取得令人瞩目的成就，且近期进一步受到国家教育部的关心和支持。2017年，我国教育部国际交流与合作司应时代要求，为了加强国别与区域研究力度，首次批准并资助了四家国别与区域研究中心（备案）："爱尔兰研究中心"。[①]

[①] 上海对外经贸大学爱尔兰研究中心、北京外国语大学爱尔兰研究中心、大连外国语大学爱尔兰研究中心、河南牧业经济学院爱尔兰研究中心。

中国的爱尔兰研究发展到今天,其所取得的成绩既离不开政府的英明领导和大力支持,也离不开诸多学术团队的共同努力,还离不开各种传播媒介。在斑斓多样的传播媒介中,著作(包括翻译作品)和论文最具影响力。在人们心目中,著作和论文上的"白纸黑字"令人联想到教科书上的词句、宗教经典中的术语、家族长者的嘱咐、社会权威的指示等,具有一定的权威性,是主流观念的书面表达。

然而,著作、译作、论文的产生并非空穴来风,一定有外在因素的支撑,它们是社会大背景下的必然产物,它们或者体现了社会发展趋势,或者是对文明历史的经验总结。在一定程度上,关注中国的爱尔兰研究著作,讨论爱尔兰作品的汉译作品,分析爱尔兰研究学术论文,无不有助于深入了解爱尔兰政治文化对中国现代社会发展的影响力。

不同时期,中国的爱尔兰研究成果的侧重点不尽相同。在中国"改革开放"初期,中国社会迎来了"科学的春天",大家以读书为荣,渴望拥有知识,大力汲取西方文明和文化的精华。由于"文革"时期的高等大学教育之弱化,国民大多对外国文学的了解十分有限,大众的外国文学基础普遍薄弱。在中国的爱尔兰研究领域,实际情况也是如此。在研究水平方面,爱尔兰研究相对于英、美、法三国的研究来说,水平更低。在这个时期,对于中国的外国文学研究领域而言,概念的普及十分必要,对专业知识的讲解会有明显效果。这个时期的学者是学术引路人,尽管他们的著作现在看来并不深奥,却为中国的西方文化和文学研究打下了坚实的基础,为中国未来外国文学和文化的研究开辟了宝贵领域。随着中国爱尔兰研究的深入,爱尔兰研究受到新一代学人的重视。爱尔兰研究者借助现代理论,运用美学观点,分析爱尔兰文学的叙事技巧,把中国的爱尔兰研究和爱尔兰作品的翻译水平提高到新高度。多年以来,中国的爱尔兰研究尤其侧重爱尔兰文学、文化、历史和政治等方面研究,并在相关领域积累了一些重要的研究经验和学术成果。

在当前全球经济复苏的步伐缓慢、国际社会面临挑战增多的背景下,中国的诸多部门将在政府支持下,在明年举办一系列"中-爱"建交周年庆祝活动。这些无不表明中国人民对"中-爱"关系的重视,以及对"中-欧"关系的重视。在庆祝活动中,讲好爱尔兰作家与中国的故事,展现中国的爱尔兰研究所取得的众多成果,将有力促进中国和爱尔兰友好城市之间的关系,加深两国人民的友谊,搭建起民心相通的桥梁,为政治、经贸等领域的合作提供保障,服务于国家"一带一路"的战略发展需要。

无论在哪个研究领域,研究著作、翻译作品、学术论文的创作都离不开学者或作者。中国的学者通过创作,不断推进爱尔兰研究,并把爱尔兰政治文化理念介绍给中国,加速了中国与世界接轨的步伐。针对中国的爱尔兰政治文化传播,不同的中国学者通过各异的学术志趣和研究方向,把个人的天赋和对政治文化的理解,以学术作品的形式展现给世人,并不断推动中国的爱尔兰研究的发展。

爱尔兰文学作品是研究爱尔兰政治、文化、经济、历史等诸多方面的宝贵财富。中国的爱尔兰研究学者从文学作品中了解到爱尔兰的传统习俗、文化思潮、学术流派等,这些共同构成了爱尔兰政治和文化体系的重要方面,并使研究成果服务于国家旅游开发、经济发展、总体战略等,从而增进"中-爱"双方在更多领域的合作,推动"中-爱"两国关系向更高水平发展。

长期以来,上海对外经贸大学爱尔兰研究中心不断努力,致力于探索爱尔兰研究的多个方面,尤其侧重研究爱尔兰文学、文化、历史、政治、经济等方面,并在相关领域积累了一些研究经验和学术成果。随着时代发展,此中心将进一步加强内涵建设,调整研究计划,在国际形势变化中服务于国家发展需要,不断提升中国的爱尔兰国别研究和教学水平,增强上海市与科克市之间的友好关系。

二、爱尔兰研究中的精选作品翻译和著作撰写

我国的爱尔兰研究与时俱进,紧密联系"一带一路",重视共建原则。相比古代丝绸之路,"一带一路"更加宽广,其所涉国家更多,共建成果惠及面更广。"一带一路"坚持开放合作,强调合作共赢。这里的"合作"是全方位的,它不但包括经济融合,而且兼含政治互信和文化包容。长期以来,爱尔兰与我国保持了亲密和友好的关系。"中-爱"关系是异国之间合作共赢的范例。

由于历史原因,爱尔兰与英国之间存在诸多联系。对爱尔兰的研究有助于加深欧洲文化发展进程。若谈论爱尔兰文化,那么我们必须参考爱尔兰文学和爱尔兰教育。爱尔兰文学蕴含了爱尔兰文化。能完美表达爱尔兰文化的作家很多,而詹姆斯·乔伊斯(James Joyce,1882—1941)就是最典型的爱尔兰作家之一。针对爱尔兰教育,我们尤其应关注当今爱尔兰教育。故此,上海对外经贸大学现阶段策划,在基于乔伊斯研究的前提下,翻译爱尔兰系列作品,并侧重当今爱尔兰教育的研究。

其一,译著《斯蒂芬英雄:〈艺术家年轻时的写照〉初稿的一

部分》(Stephen Hero: Part of the first draft of A Portrait of the Artist as a Young Man, 1944)。目前，国内尚未出现《斯蒂芬英雄：〈艺术家年轻时的写照〉初稿的一部分》的汉译本。该书是欧洲文学巨匠詹姆斯·乔伊斯的名著《艺术家年轻时的写照》(A Portrait of the Artist as a Young Man, 1916，或译作《青年艺术家的画像》)第一版手稿的部分内容。《斯蒂芬英雄：〈艺术家年轻时的写照〉初稿的一部分》含十二个章节，是乔伊斯的自传性作品，以斯蒂芬·迪达勒斯的早期成长经历为主线，表现了主人公的诗人气质，刻画了他从孩提时期到成年阶段的身心成长过程，并涉及斯蒂芬的家人、朋友、男性和女性、都柏林生活和天主教艺术等。在叙述手法上，该书比最终出版的《艺术家年轻时的写照》更加生动、具体和详尽，尤其对研究乔伊斯和《艺术家年轻时的写照》具有重要学术价值。

文学是人性重塑的心灵史，它不会游离于文化话语体系之外。乔伊斯生活与创作的时代正是爱尔兰社会发生重大变革的时期，其作品《艺术家年轻时的写照》显出了更多现代主义意味，它将意识流与现实主义的叙事手法糅合在一起，对文学发展带来了重要的影响。相信《斯蒂芬英雄：〈艺术家年轻时的写照〉初稿的一部分》的翻译会进一步加深我国学界对《艺术家年轻时的写照》的研究。

其二，译著《看守我兄长的人：詹姆斯·乔伊斯的早期生活》(My Brother's Keeper: James Joyce's Early Years, 1958)。乔伊斯的作品充满了爱尔兰性或爱尔兰岛屿特质，对了解、欣赏和研究凯尔特文化积淀极为重要。要研究詹姆斯·乔伊斯，我们就需多了解该作家的生平。目前，《看守我兄长的人：詹姆斯·乔伊斯的早期生活》尚未有汉语译文。相信该书汉语译著的出版具有现实意义,其将推动我国的乔伊斯研究,有益于我国爱尔兰研究,更能加速国内高校的爱尔兰文学的教学。

《看守我兄长的人:詹姆斯·乔伊斯的早年生活》由詹姆斯·乔伊斯的胞弟斯坦尼斯劳斯·乔伊斯撰写,书中回忆了他与兄长共同度过的早年生活。该书是难得的传记性资料,对研究爱尔兰代表性小说家詹姆斯·乔伊斯弥足珍贵。该书由三位作家的成果组成:T. S. 艾略特的"序言"、理查德·艾尔曼所写"介绍"和"注释"以及斯坦尼斯劳斯·乔伊斯所写的回忆录。该书由理查德·艾尔曼编辑。该回忆录分为"故土""萌芽""初春""成熟"和"初放"五部分。该书破解乔伊斯笔下人物原型之谜,揭示其故事情节的起源,探索了乔伊斯的原始材料被加工的程度和方法,把读者的兴趣延伸到乔伊斯的家庭、朋友、他在都柏林生活的每个细节和都柏林的地貌——这个承载着他孩童时期、青少年时期和青年时期的都柏林,帮助读者把握乔伊斯性格与其小说的联系,为研究爱尔兰作家提供一个独特视角。

其三,译著《流亡者》(*Exiles*, 1918)。《流亡者》是三幕剧,由爱尔兰作家詹姆斯·乔伊斯创作。该剧发生在都柏林郊区的梅林和拉尼拉格。该剧主人公是爱尔兰作家理查德·罗恩,他曾自我流放到意大利。1912年夏天,他携带与其私奔十年的情人柏莎返回都柏林,作短暂逗留,并在此期间爱上音乐教师比阿特丽斯·贾斯蒂斯。同时,柏莎则有意于记者罗伯特·汉德。这四个中年人虽有情,却难以沟通,彼此不理解。故此,无论在爱尔兰,还是在海外,他们都不断流亡。该剧除了这四个主要人物,还包含三个次要角色:罗恩与柏莎的儿子阿奇、罗恩家的女仆布里吉德和一个卖鱼妇。作为乔伊斯的唯一剧本,它虽然涉及的人物不多,却清晰地描写出流亡者之间的情感纠葛。乔伊斯运用角色转换手法，表现了现代爱尔兰人的焦虑感和异化感，凸显了20世纪初期西方社会流亡者的孤独感。

其四，研究著作《当代爱尔兰教育概况》(*A Survey of the Education in Contemporary Ireland*)。《当代爱尔兰教育概况》旨在聚焦爱尔兰岛，给当代爱尔兰共和国的教育情况勾勒一个概貌，以便为中国的爱尔兰教育研究的纵深发展，抛砖引玉；该作品包含序、参考书目、后记和由八章构成的主体部分：爱尔兰国情综述、爱尔兰教情概况、爱尔兰基础教育、爱尔兰职业教育和成人教育、爱尔兰高等教育、爱尔兰教育对外开放情况、爱尔兰留学服务信息和爱尔兰办学服务信息。该书依据诸多文艺理论，针对所选定章节的不同内容，采用开放式研究方法，重视爱尔兰历史的作用，关注爱尔兰地域特征，突出凯尔特人的民族性；它既参考纸质版经典、权威的爱尔兰研究资料，也不忽视源于网络的最新信息，避免了片面讨论、分析，从而既提供了当代爱尔兰教育情况的客观信息，也阐明了本书的研究团队对当代爱尔兰教育的主观理念。

上海对外经贸大学爱尔兰研究中心面向未来，展开多项研究，重视翻译的实用价值和现实意义，把握爱尔兰研究的热点，旨在通过翻译爱尔兰研究的系列作品，并探索当今爱尔兰教育的奥秘，为中国的爱尔兰研究增添一砖一瓦。

三、基于"忠实"和"可读"的笔译，探秘当代爱尔兰教育核心特征的研究

近年来，中国政府积极推进孔子学院建设，其在中爱两国发展进程中发挥了重要作用。爱尔兰都柏林大学和科克大学孔子

学院及其他相关机构通过传播中国语言、文化、政治、经济和社会状况,有效增进了爱尔兰对中国的了解,并引发了对方的兴趣,加强了双方的友好关系。在此背景下,爱尔兰与中国关系的研究方兴未艾。

上海对外经贸大学爱尔兰研究中心借助文化研究,并利用现代翻译理论,组织了若干翻译团队。在该翻译团队中,上海对外经贸大学爱尔兰研究中心主任牵头为翻译团队成员提供基本资料、制定翻译程序、提出翻译要求,并且组织团队成员分工协作,以保证定期完成翻译任务。在翻译过程中,团队成员每隔一段时间会进行讨论,以解决翻译难题。翻译之后,团队成员采用自校和互校结合的办法来确保翻译质量。该书汉语译文出版前,本课题负责人进行全文校对、修改、重译,撰写前言、后记、附录,负责出版事宜,并根据出版社要求,反复修改、校稿、重译等。

当今,翻译领域存在多种翻译原则。对于本翻译团队而言,"忠实"与"可读"是翻译的核心原则。对于译作而言,"忠实"不可或缺。这里不再进一步讨论翻译的"忠实",而是聚焦"可读"。乔伊斯的作品晦涩难懂,常被冠以"天书"二字,令人望而却步。乔伊斯的作品评论无不涉及晦涩文字。基于"忠实"的"可读"看似容易,但对于乔伊斯作品翻译及乔伊斯评论而言却构成了巨大挑战。

当今世界,乔伊斯研究已取得巨大成就,它为我们团队的翻译提供了便利条件。尽管如此,对于说不尽的乔伊斯而言,乔伊斯研究并没有终结,它仍处于探索阶段。因此,我们的译文难免存在缺陷。何况,团队协作之优劣同存,其劣势在于:尽管有统一校稿环节,但在遣词习惯方面,团队译作仍不像出自一人手笔。我们的研究团队主要由教师和在读研究生组成,大家牺牲业余时间，不惧艰辛，进行了学术实践和探索。但愿我们能抛砖引玉，为未来乔伊斯作品的翻译和研究提供参考。欢迎大家批评指正。我们也愿不断修订译作。

至于《当代爱尔兰教育概况》，本研究团队聚焦当今爱尔兰教育情况，归纳爱尔兰教育传统特征，指出其独特性，讨论其新趋势和新特征，希望能为中国的爱尔兰教育研究的发展有价值的参考资料。

2019年是"中-爱"建交40周年，谨以乔伊斯研究经典著作汉译系列书籍和当代爱尔兰教育探秘为"中-爱"建交40周年献礼。

是为"序"。

冯建明

2019年夏

上海对外经贸大学

爱尔兰研究中心（教育部备案）

第一章 爱尔兰国情综述

一、基本国情

在"一带一路"背景下,中国-爱尔兰关系得到了新的发展。自中国与爱尔兰于1979年6月22日建交以来,彼此信任、相互合作、重视交流,两国为促进经济发展、推动社会繁荣和维护世界和平作出了贡献,并建立了深厚的友谊。长期以来,中国-爱尔兰高层互访频繁,经贸、文化、教育、科技等领域的交流与合作日益增多,在各个方面取得了可喜的成果。对爱尔兰国情的了解,无疑有助于当代爱尔兰教育情况的研究。

我们通常用爱尔兰指代爱尔兰共和国,它位于欧洲大陆西北海岸外的爱尔兰岛,约占该岛南部面积的5/6。爱尔兰岛剩余东北部的1/6属于英国,被称作北爱尔兰。爱尔兰首都是都柏林,位于爱尔兰岛东部。爱尔兰是一个议会共和制的西欧国家,截至2017年,其人口共计为4813608人。此外,爱尔兰也是欧洲联盟、欧洲理事会、经济合作与发展组织、世界贸易组织、联合国等国际组织的成员之一。

1921年,爱尔兰与英国签订了《英爱条约》,该条约将爱尔兰划分成两部分,爱尔兰岛南部二十六个郡组成自由联邦,而东北方的六个郡则继续留在英联邦内由英国管辖。但是,南部的自由邦的"自由"具有一定的局限性,其内政和外交一定程度上仍受制于英国。爱尔兰南北分裂后,诸方势力混战。1937年,爱尔兰宣布成立共和国,自此它才开始走上独立建设国家的道路。12年后(即1949年),英国承认爱尔兰为独立的永久中立国。

爱尔兰岛面积为84421平方公里,其中的爱尔兰共和国约占70273平方公里。爱尔兰岛西临大西洋,东北隔北海峡与苏格兰相望,东临爱尔兰海,东南隔圣乔治海峡与威尔士相望,南临凯尔特海。爱尔兰西海岸多为悬崖、丘陵等地貌(最高点为卡朗图厄尔山,海拔1041米)。岛内地形比较平缓,多为农田,香农河为主要河流,还有如利菲河等其他重要河流,同时岛内也有几个大湖泊。岛中央河谷地区沼泽众多,盛产泥煤。爱尔兰的外形常被诙谐地描绘成一只可爱绿熊的侧身剪影(爱尔兰全岛),全岛主要为丘陵地形,有一望无际的原野,也遍布着森林及湖泊。位于爱尔兰岛西海岸的莫赫悬崖是全欧洲最高耸的悬崖之一,悬崖沿着爱尔兰西海岸绵延8公里,其也是爱尔兰最重要的海鸟栖息地;悬崖上生长着许多珍稀植物品种,它还是众多电影的取景地。

爱尔兰为温带海洋性气候,受北大西洋暖流影响,冬暖夏凉,冬季时的气温很少低于−5℃(25℉),夏季时的气温不超过29℃(79℉)。自有纪录以来,爱尔兰的最高温度为33.3℃(91.9℉,1987年6月26日在基尔肯尼郡测得),而最低温度为−19.1℃(−2.4℉,在斯莱戈郡测得)。爱尔兰的雨水非常充沛,一些地区一年有275个降水日。爱尔兰的主要城市有位于东岸的首都都柏林、西南的科克、西岸的利默里克和高威以及东南岸的沃特福德。冬季时,全岛降雨较为普遍,夏季前几个月有些微降雨。爱尔兰西部地区因受到西南风影响而降雨较多,同时东岸及都柏林降雨较少。日照时数最多的地点在爱尔兰岛的东南部。爱尔兰岛的北部与西部海岸有全欧洲最大的风场,风力发电潜力极强。

二、爱尔兰简史

关于爱尔兰的早期历史,有诸多版本。依据罗伯特·基所著的《爱尔兰史》[①]:约公元前 8000 年,古人从苏格兰出发,抵达爱尔兰岛;约公元前 3000 年,新石器人出现在爱尔兰岛;约公元前 100 年,属于凯尔特一族的盖尔人在爱尔兰岛定居,从而奠定了爱尔兰居民的凯尔特人属性;12 世纪中后期,英格兰人开始入侵爱尔兰岛;16 世纪中叶,英王在爱尔兰称王,随后,英国军队与爱尔兰人之间的冲突不断;1921 年 12 月,《英爱条约》签订。可见,公元 1922 年之前,爱尔兰曾长期作为大不列颠及北爱尔兰联合王国的一个组成部分。

针对爱尔兰的历史,如下大事经常被谈论:1845 年,因为马铃薯欠产问题而造成爱尔兰大饥荒,英国政府在能进口美洲粮食的情况下却未提供太多协助,从而造成爱尔兰人口减少了约四分之一,这让许多爱尔兰人对英国政府心生不满;1919 年,大多数于 1918 年大选中当选的爱尔兰议员拒绝在英国下议院任职,他们自行组建了爱尔兰议会,并于 1919 年 1 月以独立的"爱尔兰共和国"的名义单方发布了独立宣言;当时,爱尔兰没有得

---

① [英]罗伯特·基:《爱尔兰史》,潘兴明译,上海:东方出版中心,2010 年。

到国际社会的承认,但在英爱战争(亦称"爱尔兰独立战争")后,英爱双方代表达成《英爱条约》,英国给予爱尔兰合法的自治权,即自治领地位。此后,爱尔兰成立爱尔兰自由邦,领土包括爱尔兰全岛,但条约允许北方六郡(即北爱尔兰)不参加爱尔兰自由邦;《爱尔兰自由邦宪法》同时规定,爱尔兰为君主立宪制,爱尔兰国王由英国国王兼任,同时设立总督职位,议会实行两院制,成立"行政委员会"(即内阁),设立行政委员会主席职务。

1937年12月29日,爱尔兰采用了新的《爱尔兰宪法》,其中将国名正式定为"爱尔兰"(爱尔兰语为"Éire"),设立爱尔兰总统职位,但国王继续根据成文法在国际上作为爱尔兰国家的象征。

1949年4月1日通过的《爱尔兰共和国法案》最终废除了君主制,将国王职权全部交予总统,爱尔兰成为共和国。根据《爱尔兰宪法》第4条,"爱尔兰"(Éire)为国家名称,同时第2条和第3条宣称爱尔兰对北爱尔兰也享有主权(此文已于1999年废除),所以爱尔兰共和国在外交领域一般也自称"Éire"(如《爱尔兰宪法》、爱尔兰总统)。但是,由于英国对北方六郡实际行使主权,因此许多国家避免直接使用"Éire"字眼,以照顾北爱尔兰的立场,避免偏袒之嫌。

自1949年4月18日宣布成立共和国之后,爱尔兰自动退出了英联邦(英联邦于1950年才更改规则,从而允许印度以共和国的身份留在英联邦之内)。爱尔兰虽然没有重新申请加入英联邦,但它还是保留了许多成员国的权利,从而在英联邦内享有特殊地位。

爱尔兰于1955年加入联合国,并于1973年加入欧洲经济共同体(即现在的欧洲联盟的前身)。爱尔兰历届政府一直致力于爱尔兰的和平统一,同时也致力于与英国合作解决北爱尔兰的暴力冲突问题。爱尔兰与北爱尔兰选民于1998年通过的《贝尔法斯特协议》规定北爱尔兰将被保留在联合王国内,直至多数民众投票脱离,同时它也第一次承认了爱尔兰岛人民作为一个有权利去整体解决南北问题的主体之地位。爱尔兰和大英帝国之间的冲突朝着民主化方向发展。

三、现任领导人及政治局势

爱尔兰为单一制共和国,实行议会共和制。爱尔兰总统为国家元首,任期为7年,由选民直接选举产生,可连选连任一届。总统并没有实际行政权,只是一个象征性职位,但在爱尔兰国务院的建议下,其有一定的权力和职务,包括解散国会。爱尔兰总理由国会提名并由总统任命,其一般由第一大党党魁或联合政府首领担任。宪法规定,内阁人数最多不超过15人,其中上议院议员最多不超过2人,且总理、副总理和财政部长必须是下议院议员。爱尔兰国会为两院制,分为爱尔兰上议院和爱尔兰下议院。上议院实权有限,由60名议员组成,其中11名议员由总理提名,3名议员从爱尔兰国立大学毕业生中遴选而出,3名议员从都柏林大学毕业生中选拔而出,另有43名议员从5个特定行业(文化、农渔、劳工、工商、社会)的从业人员中选出。下议院实权较大,由166名议员组成。爱尔兰实行选区制,全国共分为42个选区,每个选区选出3名到5名代表,组成下议院。选举按比例代表制,用可转移单票制系统进行。按照《爱尔兰宪法》,议会选举至少为5年一次,但总理可以向总统要求提前解散下议院。在2016年大选中,议席已减少8席。选举按比例代表制,用可转移单票制产生,包括下议院议会选举(1921年以来)、欧洲议会选举和地方政府选举。

爱尔兰现任总统为迈克尔·希金斯(Michael D. Higgins),他于1941年出生,曾就读于爱尔兰国立大学、英国曼彻斯特大学和美国印第安那大学,获社会学学士学位。希金斯在1973年至1977年间任上议院议员,1981年当选为下议院议员,先后任戈尔韦市市长,爱尔兰政府首任艺术、文化和爱尔兰语区事务部长,工党主席。2011年10月,作为工党候选人,希金斯在总统选举中获胜,2018年11月获连任。

爱尔兰现任总理为利奥·瓦拉德卡(Leo Varadkar)。瓦拉德卡于1979年1月出生,毕业于圣三一大学医学院,曾任医生,28岁当选下议院议员。瓦拉德卡曾历任爱尔兰交通、旅游和体育部长,卫生部长,社会保障部长。2017年6月2日,瓦拉德卡当选为爱尔兰统一党领袖,6月14日当选为爱尔兰新任总理。

爱尔兰执政党现为总理利奥·瓦拉德卡领导的爱尔兰统一党(Fine Gael),主要在野党为爱尔兰共和党(Fianna Fáil)、新芬党(Sinn Féin)和绿党(Green Party)。爱尔兰大部分主流的政党(包括共和党、统一党和工党)均为中间派政党,它们的经济和社会政策立场相近,唯在对英国和欧盟的态度上存在分歧。

2016年6月23日,英国发起脱欧公投,并以52%的支持率通过脱欧决定。这一进程对爱尔兰与英国管辖的边界问题产生了实质性的影响。目前,脱欧前景仍不明朗,一旦英国"无协议脱欧",欧盟就将在适当放宽边界限制的同时向爱尔兰施压,要求爱尔兰方面拿出方案以解决与英国北爱尔兰地区的边界问题。受英国脱欧影响,爱尔兰将非常有可能面临与英国保持"硬边界"或脱离欧盟的艰难抉择。

从爱尔兰政府的表态看，无论是用切实可行的方案解决北爱尔兰问题，还是"被"强制脱欧，他们都无法接受，唯一可接受的方案是在具有法律约束力的"脱欧"协议中纳入"备份安排"（Backstop）条款。"备份安排"相当于保险机制，旨在避免"硬边界"，其因没有明确截止日期且英国无法单方面退出而饱受争议。此条款也是阻挠英国议会下院表决通过"脱欧"协议的最大阻碍。

英国政府仍将试图修改"脱欧"协议，包括所含的涉及到与爱尔兰边界问题的"备份安排"条款，旨在防止欧盟成员国爱尔兰与英国北爱尔兰地区之间出现硬边界的"安全网"。这一区域曾因基于北爱尔兰问题而产生的武装冲突而长期处于军事化状态，直至1998年的《北爱和平协议》达成，此区域才实现了自由贸易。为防止血腥冲突重演，英国和欧盟都认为爱尔兰边界应尽可能保持开放，因此英国把"备份安排"写入脱欧协议中。

根据协议，自2019年3月29日英国正式脱欧起至2020年12月31日止的脱欧过渡期间，英国与欧盟将继续就未来关系进行谈判。若过渡期结束时，双方仍未就贸易安排达成一致，则北爱尔兰地区将继续受欧盟贸易规则制约，以便让人员与货物继续自由流通。由于这一安排不设期限，也不允许英国单方面叫停，因此批评者担心英国可能无限期滞留在欧盟之中，同其他国家的贸易协议谈判也会受到影响。北爱尔兰民主联盟党称，"备份安排"对北爱尔兰地区的区别待遇会破坏这一地区和英国其他地区的联系。因此，即使是亲欧派英国议员也排斥这项安排，因为这意味着英国将被迫遵守它无法参与制定或改变的欧盟条规。

四、经济形势

爱尔兰经济规模较小,主要依赖出口贸易。自20世纪90年代初开始,爱尔兰经济逐渐繁荣并快速发展,取得了10%的经济增长率,在欧洲名列前茅。2003年,爱尔兰成为人均GDP世界排名第二的国家(仅次于卢森堡),因而赢得了"凯尔特之虎"的美誉。自20世纪60年代起,爱尔兰就为经济增长做出了努力,其具体措施包括:逐步开放市场,远离贸易保护主义;加入作为欧盟前身的欧洲经济共同体;鼓励出口导向的外国直接投资;进行渐进式教育改革;政府约束公共开支,减少租税负担,等等。基于这些原因,爱尔兰的生产率实现大幅增长,经济快速发展。20世纪90年代起,晚到的婴儿潮为爱尔兰提供了大量的适龄劳动力,因此直到2007年的金融危机袭来之前,爱尔兰都保持着高GDP增长率,而在金融危机前依赖于房地产和银行的信贷扩张的爱尔兰经济在金融海啸中则受到了重创,从而使爱尔兰进入连续3个月的经济萎缩状态。2010年,爱尔兰经济衰退正式结束,出口逐渐回温。但是,由于借款及银行资本重整的成本显著上升,爱尔兰接受了总额为85亿欧元的援助方案以及来自欧盟、国际货币基金组织、英国、瑞典和丹麦的双边贷款。

近些年来,由于爱尔兰市场税率低、劳动力年轻化、社会文化中的宽容等特点,加之英语的语言环境,制药等高尖行业的巨头受爱尔兰得天独厚的经济环境的吸引,纷纷在该国投资并设立总部。近来,英国脱欧为爱尔兰带来难以预测的影响,爱尔兰面临"硬边界"和脱离欧盟的两难抉择。脱欧若成为现实,则爱尔兰的经济也许会受到不可忽视的影响,这是因为英国是爱尔兰最大的出口国。由于担心"无条件硬脱欧"的发生,许多曾经将总部设在伦敦的跨国企业也先后将总部迁往都柏林。爱尔兰独特的"软实力"使它在英国脱欧所带来的不确定性中大放光彩,成为了跨国企业离开伦敦后的首选落脚点。《财富》认为,这股跨国企业迁移的趋势将为爱尔兰带来巨大的经济发展机遇,甚至会让爱尔兰成为英国脱欧最直接的受益者。

近些年来,中国也与爱尔兰加紧了经济合作,小米将在不久的未来在都柏林设立实体店,而国企华为也将在爱尔兰设立研究中心,并与圣三一学院进行AI人工智能的合作研究项目。据新华社方面表示,2018年的中爱双边贸易额再创新高,达145.06亿美元,比上一年增长31.23%。在2017年首次突破100亿美元之后,中爱贸易额继续保持高速发展态势[①]。

成功的人文互动里蕴含着无限的商机。经贸合作、互利互赢以及共同繁荣的前提是民心相通。对于爱尔兰人而言,他们传统的海外市场是欧美地区,而中国显得古老、遥远、神秘而又陌生,似乎是个遥不可及的市场。迄今为止,爱尔兰与中国开通直航的两大机场分别位于北京和香港。便捷的交通有利于开展商贸活动。将来若上海也开通与爱尔兰的直航,则这将为两国的经贸合作带来巨大的推动力。对于爱尔兰的许多企业来说,对陌生国度的未知和畏惧阻碍了他们前往中国进行投资交易的脚步,也阻碍了中爱双方的进一步的合作。因此,中国政府可以通过打造文化认同感,帮助爱尔兰人消除顾虑,以使他们放心地与中国开展经贸活动。具体而言,中国政府可以通过创办中爱

---

① 信息来源:http://www.gov.cn/xinwen/2019-01/30/content_5362423.htm, viewed at 1st September 2019。

友好往来的英文网站,向爱尔兰宣传中国欢迎其来华投资经商的国家政策,实时报道最新的利好消息,增进爱尔兰人民对中国文化、教育、经济及政治的认识,弘扬中国和平发展的理念,引领双边关系稳定友好发展。在全球经济一体化的局势下,在全球经济面临着挑战的当下,中爱双方可以通过优势互补,互惠互利、齐头并进,开创全新的合作局面。中国和爱尔兰的合作存在美好的前景。近年来,爱尔兰经济发展迅速,国力和国际影响日益增强,中爱友好关系出现了强劲的发展势头。爱尔兰研究在我国是一个非常重要并且有很大发展空间的学科领域。

五、文化特征

爱尔兰人口稀少,其文化颇具特色。

据爱尔兰中央统计局2006年出版的《人口年鉴》统计,截至2006年4月,爱尔兰全国人口达到420多万,与2002年相比增长了8.1%,总人口中的98.7%为世居的爱尔兰民族(属凯尔特人),只有极少数的英格兰人、苏格兰人、犹太人等外来血统。2017年的普查数据显示,爱尔兰总人口已达到4813608人。

爱尔兰官方语言为爱尔兰语(即凯尔特语)和英语。英语为大多数人的母语,爱尔兰语通行范围限于西海岸的一些地区,使用人口只有几万。爱尔兰语为学校必修科目。大多数公共标示都用两种语言书写,国家广播用两种语言播送。爱尔兰语在语言分类上属于印欧语系的凯尔特语族,它和同属该语族的布列塔尼语、威尔士语以及苏格兰盖尔语有相当密切的关系。爱尔兰语是爱尔兰共和国的官方语言,同时也是北爱尔兰官方承认的区域语言。在北爱尔兰,爱尔兰语的使用人口有26万。

爱尔兰宗教众多,分别是天主教、圣公宗、犹太教和其他宗教。天主教为爱尔兰人的主要信仰,信徒约占人口的90%。爱尔兰是欧洲少有的几个虔诚信仰宗教的国家之一,天主教教义是爱尔兰社会和爱尔兰人的生活方式之基础。爱尔兰教会(爱尔兰圣公会,其为基督教新教的一派)为第二大教派,但是信众占爱尔兰总人口的比例不大。自爱尔兰独立以来,科技不断发展,宗教的影响力稍稍减弱,信教的人有所减少。最近,天主教的信众人数又有反弹的趋势,信仰新教与其他基督教的小教派的人数以及伊斯兰教信徒人数也有增长的趋势。爱尔兰的犹太教社区人口数量呈下降趋势。

爱尔兰文化包括爱尔兰岛的风俗、传统、音乐、艺术、文学、民宿、饮食、体育等。爱尔兰的文化以盖尔文化为主,同时也受到盎格鲁-诺曼文化、英格兰文化和苏格兰文化的影响。12世纪,盎格鲁-诺曼人入侵爱尔兰。16世纪至17世纪,爱尔兰又被英国征服,从而被划入英国的统治范围。现在,爱尔兰的天主教徒和新教徒之间仍然有明显的文化差异。由于众多爱尔兰人走出国门,爱尔兰文化也渐渐产生了全球影响力,一些爱尔兰节日(如圣帕特里克节、万圣节和十二节)也成为世界性节日。爱尔兰文化被爱尔兰侨民继承和改良,并反过来影响爱尔兰本国。

受到全球化的影响,爱尔兰的大众音乐博采众长、逐渐发展。爱尔兰传统音乐仍然充满活力,并保留了许多传统。爱尔兰传统音乐影响了各种音乐种类(例如美国乡村音乐和根源音乐),并在一定程度上影响了现代摇滚,它为摇滚乐加入了其他风格,如朋克摇滚乐。爱尔兰摇滚、流行、爵士、蓝调等音乐门类里也产生了许多国际知名的艺人。爱尔兰各地都有许多古典音乐乐团。

爱尔兰饮食是指爱尔兰盛行的主要的饮食文化,大致可分为简单且传统的家庭饮食和饭店及宾馆提供的现代饮食。爱尔兰饮食和英国饮食的共通之处颇多。爱尔兰的主食是马铃薯和面包,其肉食主要是猪肉、羊肉和牛肉。爱尔兰渔业发达,因此鱼类也常被作为主要食材,特别是大马哈鱼和鳕鱼,贝类也常出现在餐桌上。在蔬菜方面,卷心菜、洋葱等耐寒的蔬菜是爱尔兰人民餐桌上的常客。

文化推广是作为爱尔兰的软实力体现的外交文化之重要组成部分。爱尔兰政府在推广文化方面投入巨大,成绩显著。爱尔兰政府清楚地意识到向国外宣传本国文化可以树立优秀的国家形象,并为经济合作奠定基础的重要性。爱尔兰政府每年都在爱尔兰的姊妹城市北京和上海举办重要文化活动,旨在让越来越多的中国人了解和喜欢爱尔兰。这些文化活动有:(1)独具民族特色的爱尔兰国庆活动。多年来,爱尔兰政府在中国北京和上海举办颇具爱尔兰文化特色的爱尔兰国庆活动,邀请中国各界代表参加,既加强了中爱传统友谊,又展示了爱尔兰特色文化,受到中爱民众的喜爱。爱尔兰国庆节是每年的 3 月 17 日,它也是国际"圣帕特里克节",具有西方特有的狂欢化庆祝特点,呈现了圣帕特里克形象、爱尔兰母牛形象、爱尔兰龙形象、三叶草标志、爱尔兰风笛、爱尔兰竖琴、爱尔兰踢踏舞、爱尔兰曲棍球、爱尔兰歌曲、爱尔兰黑啤、爱尔兰烈酒等。爱尔兰官方组织乐队表演,政府代表致辞和免费发放爱尔兰纪念品,同时也会推广爱尔兰教育、介绍爱尔兰旅游等。参加爱尔兰国庆节的中国代表来自社会各界,他们参加活动并不是出于宗教情结,而是珍惜中爱友谊和被爱尔兰特有的风情所吸引,他们与爱尔兰人深入交流,寻找与爱尔兰进行多方面合作的机会。(2)颇具爱尔兰特色的布鲁姆日庆典。若谈及爱尔兰研究,那么我们一定避不开"布鲁姆日"(Bloomsday)庆典及相关学术活动。"布鲁姆日"的英语"Bloomsday"是合成词,由"Blooms"(相当于"Bloom's",即"布鲁姆的")和"day"(日)组成,也被称作"Lá Bloom"。该词中的"Bloom"(布鲁姆)是爱尔兰作家乔伊斯小说《尤利西斯》的男主角。由于《尤利西斯》特别描述了1904年6月16日的都柏林人的日常生活,所以人们把每年的6月16日称为"布鲁姆日",并通过"布鲁姆日"系列庆祝活动来纪念詹姆斯·乔伊斯。布鲁姆日庆典活动主要包括朗诵《尤利西斯》片段、演唱爱尔兰传统歌曲、穿戴爱尔兰人特色服饰、模拟《尤利西斯》中布鲁姆的行走路线、品尝爱尔兰特色食品等。对于当今的爱尔兰人而言,"布鲁姆日"庆典已经成为仅次于爱尔兰国庆的第二大传统节日。近年来,"布鲁姆日"庆典逐渐超出爱尔兰本国的范畴,深受不同国度的爱尔兰研究者的喜爱和关注。

目前,与爱尔兰积极宣传本国文化相比,中国文化在爱尔兰的传播表现出明显的不对称性,影响力有待进一步加强。当然,中国四家教育部备案的爱尔兰研究中心已经关注此问题,并逐步投入并加强研究力量,以便在爱尔兰的中国研究方面多出成果。从已有的研究结果看,爱尔兰出版的中国文学作品以及翻译与介绍的中国文化典籍的数量十分有限,有关中国现当代文学作品的译介更是凤毛麟角,因此爱尔兰对中国的认识缺乏深度、广度和新度。传统的"拿来主义"是单向的,而积极的文化交流是双向的。在向国内引进爱尔兰的优秀文化成果的同时,国内高校的爱尔兰研究中心也渴望政府能够大力支持和牵线搭桥,举办各种教育文化研讨会,促进文化艺术交流学习,出台多项政策,在资金、组织等方面给予扶持,更多地增进国内高校与爱尔兰教育和文化机构的联系,向爱尔兰宣传中国博大精深的文化及新时期的新风貌,进一步深化两国间的交流与合作。从长远看,中国文化在爱尔兰传播的前景可观,其传播方式有多种,包括:(1)多家中国的孔子学院在爱尔兰大学设立,旨在教授爱尔兰人汉语,传播中国传统文化,介绍当代中国发展的最新成就;(2)当今,中国大学注重与爱尔兰大学合作办学,这也为两国教师的相互交流提供了更多机会,有助于爱尔兰人从更多方面了解当代中国习俗;(3)目前,中国的爱尔兰研究机构和大学重视中国经典作品的翻译和传播,并让前来中国参观、学习和交流的爱尔兰人了解中国国画、戏剧、金石等。相信,随着中国和爱尔兰两国交往的加深,越来越多的中国元素会被爱尔兰人了解、认识与接受。

六、外交特色及与中国关系

(一) 外交特色

现在,爱尔兰是世界上的永久中立国之一。《爱尔兰宪法》申明,爱尔兰致力于按国际公正和道义建立与各个国家之间的和平相处和友好合作关系。实际上,爱尔兰也一直基于此信念制定其外交政策。爱尔兰一贯的对外政策就是推动建立一个稳定、和平与繁荣的国际环境,以促成基于法治、尊重和代表制政府的结构。

爱尔兰于1955年12月14日加入联合国。在联合国内部,爱尔兰一直致力于推动裁军及维持和平与发展的有效国际行动。爱尔兰政府十分重视联合国在维持和平方面的作用,具体体现在爱尔兰人民参与维和行动的比例年年升高。自1958年以来,爱尔兰防御部队和警察部队参加过联合国维和行动的人员已超过 5 万人次,爱尔兰长期在中东、亚洲、非洲和欧洲执行联合国和平扶持任务。

自 1973 年 1 月加入当时的欧洲经济共同体(欧盟前身)以来,爱尔兰一直积极参与和推动欧盟的演变。欧盟成员国资格是爱尔兰政府政策的轴心,也是爱尔兰政府在其追求对外政策目标时的一个中心框架。加入欧盟使爱尔兰的观点和利益能在欧盟政策中得到反映,而欧盟政策对世界事务有显著的影响。尽管英国脱欧的混乱局面为爱尔兰、英国和欧盟的关系蒙上一层疑云,但爱尔兰总理利奥·瓦拉卡德在受访时仍明确表明欧盟成员国资格将继续作为爱尔兰政府制定一系列政策的轴心。

(二) 中爱关系

1979 年 6 月 22 日,中爱签署建交公报;1980 年,两国互派大使。近年来,中爱关系发展迅速,高层互访频繁,经贸、教育、科技、文化、农业等领域的交流与合作日益增多,取得了丰硕的成果。爱尔兰寻求在欧盟及国际事务中发挥更大的作用,因此其日益重视发展对华关系。

1998 年,埃亨总理访华。爱尔兰政府随后制定的"亚洲战略"更是将中国作为重点合作伙伴,两国高层互访明显增多。在随后的几十年间,中爱高层领导人互访频繁,并展开了多次对话。在制定了新阶段"亚洲战略"后,爱尔兰政府将中国列为爱尔兰在亚洲的首要合作伙伴。2012 年 2 月,时任国家副主席的习近平访问爱尔兰,与肯尼总理举行会谈,会见现任爱尔兰总统希金斯、上议院议长巴雷特和下议院议长伯克,并出席中爱经贸投资论坛。

中爱经贸合作近年来发展迅速。从 2017 年至今,中爱双方成功举办了中国(广东)-爱尔兰经贸合作圆桌会议,开通了两国间从北京至都柏林和从香港至都柏林两条直航路线。

2017年,中爱货物贸易总额达110.5亿美元,同比增长36.7%。截至2017年底,爱尔兰在中国累计设立外商投资企业约400家,实际投资额约18.4亿美元。中国在爱投资企业20余家,累计投资额约6.74亿美元,主要投资领域包括金融(航空租赁和银行)、信息通讯技术、食品药品等,创造就业岗位约3000个[1]。中国主要向爱尔兰出口高技术成套或整机产品、变流器、家电及无线电通讯设备零附件、服装、医药制品等,从爱尔兰进口的产品包括制冷设备、医药品、羊毛、内燃机零件、自动数据处理设备、通信设备零附件等。

在文化和教育领域合作方面,中爱合作不断深化,签署了多个合作文件。

1985年,中爱签署文化交流协定。近二十年来,随着中爱两国领导人的互访和两国政治经济关系的升温,中爱在教育领域合作的进展明显。2006年2月,为促进双边交流,两国政府签署了《中华人民共和国政府与爱尔兰政府关于相互承认高等教育学位学历证书的协议》,为中爱高校及学子的学术交流进一步发展奠定了法律基础。2006年9月,中国国家汉办、中国人民大学以及爱尔兰都柏林大学共同建立爱尔兰第一所孔子学院。2007年10月,都柏林大学与中国国家留学基金委员会签订联合培养博士生协议。2008年3月,爱尔兰大学联合会等与中国国家留学基金委员会签订联合培养博士生协议。2012年2

---

[1] 信息来源: https://www.fmprc.gov.cn/ce/ceie/chn/zagx/t1561859.htm, viewed at 1st September 2019。

月，在时任国家副主席的习近平和时任爱尔兰总理的恩达·肯尼(Enda Kenny)的共同见证下，北京工业大学和爱尔兰都柏林大学在都柏林市正式签署了《关于建立北京工业大学北京-都柏林国际学院合作办学协议》。

2017年12月4日，爱尔兰教育与技能部正式发布《爱尔兰政府2017—2026年外语教育战略》，此文件宣布从2020年起，爱尔兰的高中生可以选修汉语，并可在2022年高考中选考汉语。汉语正式成为爱尔兰高考科目是中文进入爱尔兰国民教育体系的重要里程碑，这对中国语言和文化在爱尔兰的普及将起到极大的促进作用。目前，爱尔兰有2所孔子学院和12个孔子课堂，每年培训超过13000人。目前，中国在爱留学人员高达10000多人，其中由国家留学基金管理委员会资助的公派留学人员达200多人。

在科技合作与交流方面，中爱双方持续稳定发展，科技成为中爱关系发展的新亮点。

1998年，中国科技部和爱尔兰企贸就业部科技办公室建立了官方合作渠道。2000年9月，《中爱科技合作协定》在北京签署，这一协定为中爱科技合作与交流确立了总框架。2002年12月，中国科技部同爱尔兰科学基金会建立"中爱科技合作研究基金"。该基金在2003年至2006年间共资助了两国在生物技术、信息通信技术和新材料领域开展的29个合作研究项目。2014年12月，爱尔兰科学基金会总干事兼政府首席科学顾问马克·弗格森与中国国家基金委员会主任杨卫在北京签署协议，双方将共同资助联合研究项目。2017年3月，中国国家基金委员会和爱尔兰科学基金会合作伙伴计划正式启动，共资助8个项目，资助总金额超过1280万欧元。

为促进科技成果的转化,2014年1月,中国-爱尔兰成长科技基金完成募集,总额为1亿美元,由中国投资有限责任公司和爱尔兰国家养老储备基金(后转型为爱尔兰战略投资基金)分别出资5000万美元。2018年3月,爱尔兰副总理兼外交贸易部长科文尼在访华期间出席中爱科技发展第二期基金启动仪式。基金第二期共1.5亿欧元,中爱双方各自认购7500万欧元。

在人才交流方面,2003年4月,中国国家外国专家局和中国国际人才交流协会与都柏林城市大学合作,培训中方软件企业技术人员和高级管理人员。2006年9月,爱尔兰高等教育局同中国国家外国专家局就人才交流签订合作备忘录。

中国驻爱尔兰前任大使罗林泉曾经在接受新华社记者专访时表示,自中国和爱尔兰建交以来,两国关系始终稳步发展,已成为具有不同社会制度的国家之间友好相处的典范。在"一带一路"背景下,2019年恰逢中爱建交40周年、北京-都柏林友好城市25周年、上海-科克友好城市14周年。在此值得纪念的喜庆年份,北京和上海将相继举办多种纪念活动,例如举办爱尔兰文学在中国的展览,展示新时期中国在爱尔兰文学文化研究方面取得成果,向国际上宣传中国的爱尔兰研究,等等。这些都将有助于加深两国人民的了解和友谊,它们将为中爱友好关系的进一步发展奠定可靠的基础。

中国的改革开放政策具有重大意义,尤其是"一带一路"战略的实施,使中国的爱尔兰研究进入了黄金时期。在爱尔兰政治文化研究领域,中国学术界不断取得令人瞩目的成就,并且近期进一步受到国家教育部的关心和支持。2017年,我国教育部国际交流与合作司应时代要求,为加强国别与区域研究力度,首次批准并资助了四家国别与区域研究中心(备案)："爱尔兰研究中心"。教育部审批备案爱尔兰研究中心名单如下：

(1) 北京外国语大学爱尔兰研究中心(The Irish Studies Centre at Beijing Foreign Studies University [BFSU])，主要由王展鹏教授负责。

(2) 上海对外经贸大学爱尔兰研究中心(The Irish Studies Centre, Shanghai University of International Business and Economics [SUIBE])，主要由冯建明教授负责。

(3) 大连外国语大学爱尔兰研究中心(The Irish Studies Centre at Dalian University of Foreign Languages [DUFL])，主要由刘风光教授负责。

(4) 河南牧业经济学院国际教育学院爱尔兰研究中心(The Irish Studies Centre at International Education School, Henan University of Animal Husbandry and Economy [HUAHE])，主要由罗士喜教授负责。

国内不但有被教育部备案与资助的四家爱尔兰研究中心在积极从事科学研究，推动中爱合作与交流，除此之外也有其他爱尔兰研究单位。这些学术团体共同推动了中国的爱尔兰政治文化研究的发展。"其他爱尔兰研究单位"主要包括：南京大学爱尔兰研究中心、上海师范大学爱尔兰文学研究中心、湖南师范大学英爱文学研究中心、江西师范大学爱尔兰研究中心等。

上述这些中心顺应时代发展，掌握国际合作的动向，不断丰富对相关国家与区域的认知，以中国的最新政策为导向，从多层面和多角度开展研究，深耕细作，旨在服务于国家的"一带一路"战略和中国特色的外交。在中国教育部国际合作与交流司的英明领导下，这些研究中心已经成为国内爱尔兰研究的主要力量，它们在"一带一路"背景下,讲好爱尔兰作家与中国的故事,展现中国的爱尔兰研究取得的众多成果,从而将有力促进北京与都柏林之间的友好关系,增进上海与科克市之间的友好关系,加深两国人民的友谊,搭建起民心相通的桥梁,为政治、经贸等领域的合作提供帮助,并最终服务于国家"一带一路"的战略发展。

长期以来,爱尔兰戏剧是连接爱尔兰与中国的重要文化纽带。戏剧是爱尔兰人民家喻户晓的娱乐活动。比如,有关爱尔兰裔的美国剧作家尤金·奥尼尔的国际研讨会于 2017 年在爱尔兰戈尔韦召开。在研讨会上,希金斯总统发表了讲话,总统夫人表演了尤金·奥尼尔的戏剧《诗人的气质》的片段。爱尔兰文学巨星辈出,成绩斐然,爱尔兰的戏剧更是享誉全球。包括王尔德、叶芝、萧伯纳、贝克特在内的二十世纪爱尔兰戏剧的代表人物借助戏剧作品向世界传播爱尔兰独特的精神文明,使这个面积很小的岛国名扬天下。但是,自二十世纪末以来,爱尔兰戏剧进入了低潮。都柏林戏剧节至今已经举办了 60 多年,但是因资金入不敷出,活动的举办面临着严峻的挑战。之前,戏剧节的主要赞助商为乌斯特银行、都柏林机场管委会及道尔饭店集团,现在乌斯特银行已经退出了赞助。我国若能抓住都柏林戏剧节目前财力不支的契机,利用爱尔兰丰富的文学遗产,通过中爱每年联合举办戏剧节来搭建东西文化展示的新舞台,则既能促进两国间的人文交流,又有助于中国优秀形象在海外的传播。戏剧演出的票房收入不仅能为财政作出贡献,还能创造大量的工作岗位,并且可以吸引更多的游客来到中国,从而拉动旅游经济,进而树立中国在国际上积极卓越的形象。做大做好戏剧产业,这是把中国的北京、上海等城市建设为引领世界潮流的国际文化大都市的一大有力措施。戏剧产业的交流与合作是中国与爱尔兰在文化方面合作的关键点,而文化交流又是爱尔兰和中国友好关系中的核心部分。两国人民若能通过戏剧活动加深了解,强化情感认同,增进友谊,那么这将为两国的经济合作奠定稳定的基础。以上海为例,上海是国际知名大都市,人们一提起上海就想到东方的金融中心和经济中心,但是没有人把上海称为文化中心。经济是城市的根基,但文化是城市的灵魂,二者缺一不可。伦敦的西区剧院和纽约的百老汇是世界两大戏剧中心,它们是外国游客的必逛之地。如果有一天,来到上海的外国人不仅去外滩眺望陆家嘴和金贸大厦,还去上海各大剧院欣赏优秀的文化演出,那么外国人对中国的畏惧之心将会被敬仰之意所盖过。如果上海被打造成世界瞩目的文化之都,则这一变化将不仅为经济腾飞插上翅膀,还能提升上海在国际上的声誉和影响。

爱尔兰文学在全球的成功推广,对中国文化走向世界具有借鉴意义。爱尔兰的文学成就举世瞩目。爱尔兰更以产生了四位诺贝尔文学奖得主和众多世界著名作家而闻名于世。诺贝尔文学奖得主威廉·勃特勒·叶芝、乔治·萧伯纳、萨缪尔·贝克特和谢默斯·希尼在中国都很受欢迎,而乔纳森·斯威夫特、奥斯卡·王尔德、詹姆斯·乔伊斯、布赖恩·弗里尔等文学巨匠也对中国文学的创作和研究颇具影响。2010年,爱尔兰首都都柏林被联合国教科文组织授予"文学之都"的荣誉称号。爱尔兰文学的魅力吸引着包括中国学者在内的世界各国学者,这在树立爱尔兰在国外的良好形象方面功不可没。在中国,爱尔兰经典作品的翻译和传播一直受到大家的欢迎。我们可以从爱尔兰文学成就与国家形象的互动为切入点,思考爱尔兰文学及文化推广的成功经验对我国文化的繁荣发展和中华文化"走出去"的参考价值,以此探索一整套切实可行的文化营销策略,在国外弘扬中国优秀的文明思想,为和谐交流、合作共赢奠定基础。对于爱尔兰人而言,中国的四书五经影响深远,四大古典名著《三国演义》《西游记》《水浒传》《红楼梦》神秘又神奇,屈原、司马迁、陶渊明、李白、杜甫、苏轼、鲁迅、钱钟书、金庸等文学天才的作品名扬海外,而中国的诺贝尔文学奖得主莫言的当代作品也颇具研究价值。相信文学的社会功能一定会有益于两国学者之间的相互研究、彼此借鉴和共同发展。

七、中国使馆教育官员及联系方式

大使:岳晓勇

政务参赞:黄河

商务参赞:薛河

武官:苏广辉(兼驻英国使馆武官)

各部门联系方式:

领事部(对外受理签证、护照和旅行证、公证认证等证件申请,时间为每周一至周四上午 9:00—12:00)

地址:118 Merrion Road, Dublin 4, Ireland

咨询电话:00353 - 1 - 2196651(接受咨询时间为周一至周四下午 13:00 至 16:00;周五上午 9:00—12:00,下午 13:00—16:00)

咨询邮箱:chinaemb_ie@mfa.gov.cn

领事保护电话:087 - 2239198

传真:00353 - 1 - 2196647

电子邮箱：chinaemb_ie@mfa.gov.cn

使馆本部地址：40 Ailesbury Road, Ballsbridge, Dublin 4, Ireland
政治处电话：00353－1－2690031
办公室电话：00353－1－2690032
传真：00353－1－2839938
电子邮箱：pa.chineseembassy.ie@gmail.com（不接受签证、护照等事项咨询）

经商参赞处地址：Nutley Lodge, Seaview Terrace, Dublin 4, Ireland
电话：00353－1－2600580
传真：00353－1－2696966

教育组地址：40 Ailesbury Road, Ballsbridge, Dublin 4, Ireland
电话：00353－1－2603906
传真：00353－1－2196647
电子邮箱：eireducation@yahoo.com

文化组地址：40 Ailesbury Road, Ballsbridge, Dublin 4, Ireland
电话：00353－1－2697852
传真：00353－1－2196647
电子邮箱：chembculture@gmail.com

科技组地址：40 Ailesbury Road, Ballsbridge, Dublin 4, Ireland

电话：00353-1-2690038

传真：00353-1-2839938

电子邮箱：std.ceie@gmail.com

第二章　爱尔兰教情概况

一、教育简史

传统的英式教育基调和大比例的财政投入是现代爱尔兰教育的两大特色。爱尔兰曾经是英国的殖民地,其学校及教育体系基本都是由英国人在殖民时期所建。因此,爱尔兰一直被认为是和英国相似的传统英式教育之发源地,两国的教育内涵也大多相同:传统的男校、女校教育模式;英式"绅士"与"淑女"的培养方针;"精英"教育与"领袖"气质的教育理念——这些也是爱尔兰(英式)教育的核心内容。爱尔兰不仅秉承了英式教育的精华,而且有坚强的经济后盾的支持,政府每年在教育板块的财政支出更是高达财政总支出的15%。这种大比例的投资旨在鼓励爱尔兰教育体系的创新与改革,以提高国民教育水平与素质。

20世纪60年代初期,爱尔兰政府对国内教育体系采取了诸多大刀阔斧的改革政策,并以此作为推动国内经济发展的重要杠杆。这一举措使其教育体系发生了重大变化。与此同时,在爱尔兰教育体系的变更和落定中,国际组织也扮演了重要角色。1965年,爱尔兰以经济合作和发展组织(Organization for Economic Co-operation and Development)对爱尔兰教育的考察报告——《投资教育》为基础,大幅增加教育投入,开始了对整个教育体制的改革。该报告剖析了爱尔兰的教育体系存在的不平等现象等弱点,为爱尔兰国内教育体系的后续发展确定了基本方向。根据这份报告,爱尔兰政府认识到良好的教育制度对国家经济和社会发展的根本价值,从而开始了国家的教育体制改革之路。爱尔兰的改革措施包括:实施十年制义务教育和中等教育免费相结合的制度、改革中等教育、按地区建立技术学院等。经过 40 余年稳定的教育投入和持续不断的教育体系创新,爱尔兰建立起了一个较为完善、符合国民教育需求和适应市场需要的国民教育体系,并形成了由 7 所大学和 14 所理工学院为主体的爱尔兰高等教育二元体系。政府对教育的不断投入不仅满足了爱尔兰低龄化人口对教育的需求,也满足了他们在海内外寻职就业的需要,为爱尔兰实现从一个农牧型国家向知识经济型国家的成功转型奠定了人力资源基础,同时也为爱尔兰教育走向世界创造了必备条件。

20 世纪 70 年代以前,由于共通的英语背景,爱尔兰的对外教育交流重点主要放在与英国和美国的高等教育的交流上。此外,这种交流多依靠高校教学科研人员根据自己学科发展需要而开展的一些交流项目,很少得到来自国家财政的资助。这种自发性的国际教育交流方式标志着爱尔兰国际教育的发展进入了起步阶段。

到了 20 世纪 70 年代,除了对国内教育的多维改革,爱尔兰也开始重新审视其教育国际化的问题。1973 年,爱尔兰加入了欧洲经济共同体(欧洲经济共同体是欧盟前身,其英文全称是"European Economic Community"),对外实施经济开放政策。在吸引海外投资的同时,爱尔兰依靠欧盟战略基金的支持,积极开拓海外市场。这一举措不仅使得爱尔兰实现了经济的腾飞,其由一个高失业率、高移民率、人口低龄化的国家成为低失业率、技术型人力资源短缺、人口净增长的国家，也为爱尔兰的教育改革和发展带来了巨大的发展契机。1974年至1990年间，爱尔兰外交部设立了用于支持发展中国家（主要是非洲国家）的双边高等教育援助项目，主要包括技术支持、教师培训、奖学金设置等。1998年，爱尔兰政府制定了有助于其在中国及亚洲其他地区获得海外收益的长远发展战略——《亚洲战略》（第一阶段）报告，其中将日本和中国列为在爱尔兰的吸引外资、出口产品和服务等活动方面具有优先级的国家。在服务出口方面，教育是重要的组成部分。文件指出，爱尔兰应进一步开发国际教育市场，以使其成为爱尔兰与其他国家开展经济和政治合作的重要平台。2005年，爱尔兰政府公布了《亚洲战略》（第二阶段）报告，并在新一阶段规划的贸易服务章节指出，中国是爱尔兰在教育以及网络教育服务输出领域的最优发展国家。自此以后，教育服务输出便成了爱尔兰对华经济贸易关系中的重要组成部分。

1999年，爱尔兰加入了同年在意大利博洛尼亚提出的欧洲高等教育改革计划——博洛尼亚进程，该计划的目标是整合欧盟的高等教育资源，打通不同国家的教育体制间的壁垒。作为最早加入博洛尼亚进程的29个成员国之一，爱尔兰一直致力于实现"欧洲高等教育区"的规划，其为实现欧洲高教和科技一体化以及欧洲一体化进程作出了很大贡献。

在贯彻博洛尼亚进程这一计划的过程中，爱尔兰下定决心对国家教育资质框架体制制定规范和进行整合统一，力争形成简单可读的、可相互比较的学制，并致力于打破爱尔兰国家教育资质框架在正规教育、非正规教育和非正式教育这三者之间的界限。这种改革有利于爱尔兰构建一个创新型的终身学习体系。爱尔兰着手立法,先后确立了主管这一改革的核心机构——爱尔兰国家资质局、爱尔兰继续教育与培训证书颁发委员会、爱尔兰高等教育与培训授予委员会,并积极吸纳社会各界的人力、物力和财力,最终实现了不同类型教育之间融会贯通的目标。由此,爱尔兰国家教育改革的立法程序正式启动。1999年至2001年间,爱尔兰通过了《资格法(教育与培训)》,并成立了专门机构来推行具体的改革措施。此举成功地界定了"教育"与"培训"二者的概念,并使国家资质框架逐步过渡为爱尔兰唯一用于界定受教育级别的统一标准。2003年,爱尔兰国家资质框架的改革尘埃落定,各个体系也逐步完善。2004年7月,系统而完备的国家资质框架系统基本全面地在爱尔兰高校中推行。爱尔兰国家教育资质框架体制也得以与欧洲高等教育区创设的教育资质框架实现接轨。

2008年,受全球性金融危机的冲击,爱尔兰的整个国家经济体系陷入寒冬一般的萧条时期。在随后的4年里,国内经济危机愈演愈烈,国家教育预算额度一减再减。据爱尔兰中央统计局数据显示,爱尔兰国民失业率一直保持在14%上下,远高于欧盟中的其他发达国家;欧盟统计局同期就爱尔兰的经济发展态势作出警告,爱尔兰国家赤字占国民经济总产值的14.3%。至2010年年底,爱尔兰陷入主权债务深渊,不得不接受欧洲央行和国际货币基金组织共计850亿欧元的信贷救济。2011年,时代背景风云变幻,爱尔兰随即颁布了《国家高等教育战略规划(2011—2030年)》(*National Strategy for Higher Education to 2030*,以下简称《高等教育战略规划》)。该规划明确了高等教育在信息社会发展中的重要性及其对未来社会经济发展的意义,并从高校教学、科研、社会服务以及国际化四个方面详尽论述了当代高等教育的使命和职责。《高等教育战略规划》详细制定了有关高等教育管理制度、机构调整、财政投入等方面未来发展的方针政策，强调公立院校在制度建设上应向代表人民利益的政府负责，提出削减公立院校数量、加强校际合作、建立一个公平且可持续发展的高等教育投入体系等目标。该规划的主要目标如下：一是建立一个更为灵活包容的高等教育系统，为国民提供更广泛的接受高等教育的机会，以满足社会对高等教育越来越多样化的需求；二是丰富学生学习经历，提高教师教学与学生学习质量，全面培养学生融入社会的能力；三是确保高校教师水平上乘、毕业生质量过硬、课程设置联系实际、科研水准领先。高校将更有效地服务社会、经济和企业，学校教育为创造高附加值就业机会服务，为全社会创造福祉。

2016年，前任爱尔兰教育与技能部部长理查德·布鲁顿启动了第一个《教育行动计划》(The Action Plan for Education)。该计划的目标是，到2026年时，将爱尔兰的教育培训服务建设成为欧洲最强的教育服务体系。目前，爱尔兰的教育发展良好，在几个重要领域（如中等教育受教育程度、三级教育参与度等）已经跻身欧洲前五，在其他领域（创新、升学率等）排名前十。第一个教育行动计划将于2016年至2019年实施，并且教育与科学部于2017年初以及随后的每一年初都会发布一份年度教育行动计划书，计划书中将详述该年度将要新开的和需要进一步推进的行动。

2019年3月7日，爱尔兰教育与科学部公布了《2019年教育行动计划》(The Action Plan for Education 2019)，该计划和教育与技能部所制定的《2019—2021年部门战略声明》(The Department's Statement of Strategy 2019–2021)出版时间一

致。《2019年教育行动计划》概述了该部门及其分支机构和政府其他部门在年内将要采纳并推行的行动明细。该战略声明旨在提供优质的教育培训经验和为学习者提供实现个人目标的技能知识,以切实改善社会成员的生活,使他们成为富有成就感和价值感的社会公民。

该战略声明是爱尔兰政府在复杂变化的环境中进一步发展富有凝聚力和系统性的教育方法的一次尝试,它构建了爱尔兰迄今为止取得的重大成就和其未来抱负之间的桥梁。此外,该战略声明的内容细致入微,对教育培训系统的各个层面、重大的国家和国际变革、不断变化的技能需求和人口统计数据的背景都进行了全面的考虑和规划,多领域地探讨了为满足学习者、雇主和社会需求而应采取的战略行动。

更难能可贵的是,该战略声明还附有具体的行动计划,其中详细阐述了教育和技能部2019年全年的优先级别工作计划。得益于此,教育和技能部能够以灵活而迅速的方式审查和重新确定活动的优先次序,以适应旦夕之间风云莫测的国内外环境。

教育是中爱发展双边关系的重要层面,也是加强两国友谊的切实基础。目前,中国在爱留学生逾一万人。今天的青年学生,明天将成为架起中爱友谊之桥的使者。爱尔兰的教育在世界上享有良好的声誉,但目前仅有两所国内高校与爱方合作设立了孔子学院,它们是中国人民大学与都柏林大学孔子学院、上海大学与科克大学孔子学院。因此,我们与爱尔兰其他高校还有广阔的合作空间。中国政府可以组织各大高校前往爱尔兰宣传中国的高等教育,并欢迎爱尔兰人来中国接受教育和开展研究。据爱尔兰驻华大使馆的统计,在中国大陆的爱尔兰人仅有两千人左右,除去在华工作人员,爱尔兰留学生的数量更是少之又少。若中国政府组织各大教育机构定期统一赴海外宣传,并给予优惠政策,尤其是给予教育成本方面的优惠,那么这将会吸引越来越多的爱尔兰人到中国学习。不论他们学成归国还是留在中国,其结果都将有助于扩大技术交流、推动经济建设、加强中爱往来,这将为两国的友好合作施加深远的影响。当然,政府可以设立特定的文化基金项目,并在爱尔兰大力推广中国文化,把中国人民爱好和平、热情友善、尊重包容的精神品质传递到爱尔兰,尤其是着重宣传现代化中国的新兴面貌,以赢得爱尔兰人民的好感和尊崇,进而树立正面的中国形象和提高中国的国际声誉。这些举措对拓展爱尔兰的市场有着重要意义。

二、学制体系

爱尔兰公民的法定受义务教育年龄覆盖范围为 6 岁到 16 岁。若不以年岁划分,公民的受教育区间为从幼儿教育开始,直到完成为期三年的中等教育。

爱尔兰教育系统由以下部分组成:
- 早期儿童教育(Early Childhood Education)
- 初等教育(Primary Education)
- 中等教育(Post-primary Education)
- 继续教育和培训(Further Education and Training)
- 高等教育(Higher Education)
- 资质认证(Qualifications Recognition)
- 特殊需求学生教育(Educational Provision for Students with Special Educational Needs)
- 弱势学生教育(Provision for Disadvantaged Students)

(1) 早期儿童教育(Early Childhood Education)和初等教育(Primary Education)统称第一级教育(First-level Education),包含为期两年的婴幼儿课程(Infant Classes)和随后的六年小学教育(Primary Schools)。

① 早期儿童教育(Early Childhood Education)又称为学前教育(Pre-school Education)。这一阶段并未包含在义务教育阶段内,家长可自愿选择为子女注册报名为期两年的婴幼儿课程(Infant Classes)。儿童的入学年龄为4岁至5岁。为了保证注册注册该阶段课程的婴童的发展需求,爱尔兰教育与技能部门为特定的学前教育项目提供资助项目,主要包括:

■ 早期启蒙项目(The Early Start Programme):主要资助因居住于教育资源贫瘠地区而可能无法接受教育的儿童完成学前教育。

■ 拉特兰街项目(The Rutland Street Project):都柏林市中心社区的一个项目,该项目虽不属于早期启蒙项目的一部分,但其中包含很多经过试验的、行之有效的教学方法,后来该项目被逐渐纳入早期启蒙项目中。

② 初等教育(Primary Education)又称小学教育(Primary Schools)。这一阶段的学校包括国立小学、私立小学和特殊学校。国立小学包括宗教学校、非教派学校、多教派学校和爱尔兰语授课学校。儿童入学年龄介于6岁至12岁之间,完成此阶段课程后,随即进入下一阶段的教育。

(2) 中等教育(Post-primary Education)阶段,即第二级教育(Second Level Education)阶段,此阶段的学生年龄大约在12岁至18岁之间。中等教育学校包括三类:中学(Secondary Schools)、职业学校(Vocational Schools)和社区及综合学校(Community and Comprehensive Schools)。其中,中学多由私

人开班办学并管理，职业学校由国家建立并由教育和培训委员会(Education and Training Board)管理，而社区及综合学校由管理委员会(Boards of Management)的不同分支机构管理。

爱尔兰的中等教育包括为期三年的初级周期(初中)和随后的两年或三年的高级周期(高中)。高中的就读时间有长有短，这一点具体取决于学生是否选择非强制的过渡年(The Transition Year)。

学生通常在12岁开始初级周期的学习。学习结束后，学生可以参加初级证书考试，以获取进入高级周期学习的资格证。对于爱尔兰政府而言，初级周期的主要教育目标是为学生提供广泛而均衡的课程，为他们培养并储备进入高级周期学习的知识和技能。

高级周期教育的学生年龄通常在15周岁至18周岁间。这一周期还包括一个选修型的过渡学年，其通常紧随初级周期之后。过渡学年在1年内为学生提供免费参加正式考试、体验不同生活和教育的机会，并积累一定的工作经验。过渡年以后，学生可以在完成高级周期的2年学习后参加国家考试，以此获取以下三个证书中的一个：传统的毕业证书、职业课程毕业证书或应用毕业证书。

(3) 继续教育(Further Education)是为完成中等教育所有课程，但并未接受高等教育的学生提供的教育，其不属于第三级系统的教育和培训体系。许多企业、组织和机构为离校生和成人提供继续教育和培训，以帮助他们更好地实现经济独立，并参与到社会经济发展进程之中。在该阶段的学习中，学生可以选择全日制或非全日制的学习模式和课程。完成该阶段学习的学生要想取得相应的证书，必须修满符合国家资质框架(the

National Framework of Qualifications)的相应学分。

(4) 高等教育(Higher Education)又称第三级教育(The Third Level Education)。爱尔兰的高等教育体系主要由大学(Universities)、理工学院(Institutes of Technology)和教育学院(Colleges of Education)构成。此外,一些其他的第三级教育机构也提供艺术设计、医学、商科、农村发展、神学、音乐、法律等领域的专业教育,具有较强的专业性和实践性。学生要想获得接受第三级教育的机会,必须先递交申请书。该阶段的本科课程入学申请由中央申请办公室(Central Application Office)处理,以求集中、效率和公平。但是,高等院校保留各自独立的决策权和管理权。除此之外,爱尔兰高等教育管理局(Higher Education Authority)拥有广泛的咨询权,它也是爱尔兰高等教育研究的法定规划发展机构,还是大学、理工学院和其他指定高等教育机构的资助机构。

(5) 资质认证(Qualifications Recognition)指的是在爱尔兰接受专业资质教育,学习者在完成该阶段的学习后通常会取得资质认证证书。该资质认证教育的认可度相当高。依据关于职业资格相互承认的《欧盟 2013/55/EU 指令》(*EU Directive 2013/55/EU*),欧盟公民在任一欧盟国家获得认可的专业资质在其他欧盟国家也应获得承认。

在过去的几十年里,爱尔兰成功地建构了本国教育框架与欧洲教育框架之间的桥梁。爱尔兰充分比对了本国的国家资质框架和欧洲高等教育区教育资质框架之间的交融之处。通过大力改革,国家资质框架很自然地成为欧洲教育资质框架的具体表达,爱尔兰政府也最终敲定了欧洲终身学习框架计划,教育界也依此如火如荼地开展教育改革。在此期间,各高校成为执行各项具体教育改革举措的中流砥柱,高校教师、改革项目负责人、课程制定者、项目协调官员等均活跃在改革一线上。其实,爱尔兰国家资质框架的使用由来已久,其自2004年起就已经在全国范围内正式启动。国家框架的基础逐渐在强化,改革更是为这一框架注入了新的血液,符合时代发展要求的爱尔兰学制由此形成。

爱尔兰现行的资质认证教育学制层次分明,共分10级,涵盖基础教育、继续教育和高等教育,由低至高依此排开。这个学制有利于整合爱尔兰本国的各类证书资格教育,且与欧洲学分转换制度兼容,极大地方便了学生的跨国学习和人才的国际流动(详见下图①)。

国家资格框架		教育提供方	
学历	等级		
博士	10	理工学院	大学
硕士	9	都柏林理工学院	爱尔兰国立大学或者其他受认可的学院
研究生文凭			
荣誉学士学位	8	私立大学或者HEI	
高级文凭			
普通学士学位	7		
高级证书	6		
继续教育/学校证书	1-5		

表格出处:爱尔兰国家教育报告(2009—2012年)

---

① 表格来源:https://www.qqi.ie/Downloads/Understanding%20the%20NFQ%20-%20Interative%20Presentation.pdf, viewed at 1st September 2019。

爱尔兰的资质教育推行学历资质认证教育和职业资质教育双轨并行制度,前者为主,后者为辅。这一职业资质教育的建立也是与欧盟接轨的。除了建立资质认证体系以外,欧盟还发布了欧洲职业资质卡(European Professional Card)程序。职业资质卡是一种电子程序,申请人可以使用该程序在欧盟其他国家和地区获得专业欧盟资格认证,但该资质卡目前的应用范围比较窄,只有从事以下职业的申请人可以使用(其他专业人士仍然需要依靠传统程序来确认资质):

- 负责一般护理的护士
- 药剂师
- 物理治疗师
- 登山向导
- 房地产经纪人

(6) 特殊需求学生教育(Education for Students with Special Educational Needs)简称特殊教育,指教育与技能部根据儿童的残疾评估,通过一系列支持机制为有特殊教育需要的儿童提供的教育。根据2004年的《特殊教育需要者教育法》(*Educational Provision for Students with Special Educational Needs*)第2节的要求:"有特殊教育需要的儿童应与没有特殊教育需要的儿童在同一个包容性环境中接受教育,除非儿童特殊需要的性质或程度会导致下列情况:(1)将会损害依据本法评估确定的儿童的最大利益;(2)无法为将要接受教育的儿童提供有效的教育。"在这些情况下,该法不适用。

一般而言,为有特殊需要的儿童提供教育的方式有以下三种:

(1) 设立特殊学校;

(2) 在普通学校中设立特殊班级；

(3) 在主流课程中作补充协调,设置其他课程。

爱尔兰教育与技能部的政策不但从立法的角度保障了有特殊教育需要的儿童尽可能地融入普通的主流学校,还为他们提供了一系列特殊的支持类服务。这些服务包括：引导有特殊教育需求的学生入读特定残疾人群体的特殊学校或普通学校的特殊班级；普通学校为这类学生提供支持,以使他们可以全面地选择基础课程。

(7) 弱势学生教育(Education for Disadvantaged Students)是爱尔兰为因民族等社会问题而处于社会弱势地位的学生提供的教育。为推动完善弱势学生教育,爱尔兰教育与技能部在其下属机构设立了社会融合促进部(Social Inclusion Unit)。该部门职责包括：(1)为处于不利地位的和社会排斥风险较高社区的学生提供更好、更均等的机会和资源(*DEIS Plan 2017*)；(2)为爱尔兰两大吉普赛民族(Roma Gypsies and Irish Travelers)提供协调教育；(3)保证跨文化教育战略(Intercultural Education Strategy)的实施,等等。

三、教育管理机制

爱尔兰教育与技能部是整个爱尔兰教育体系的最高行政部门,其总部位于都柏林市马尔堡街1号,内设各个下属机构部长办公室和其他机构。教育与技能部由部长总领导,两位国务大臣协助,协同负责全国教育系统的组织、管理与发展。爱尔兰的教育体系属于中央集权式的管理系统,其领导核心成员包括：教育与技能部部长(Minister for Education and Skills)乔·麦克休(Joseph McHugh);培训与技能大臣(Minister of State for Training and Skills)约翰·哈利根(John Halligan)和高等教育国务大臣(Minister of State for Higher Education)玛丽·米切尔·奥康纳(Mary Mitchell O'Connor);部门秘书长(Secretary General of the Department)简·奥芙努(Seán Ó'Foghlú)。部长总领教育与技能部的事务,副部长、各大臣、秘书长和教育总管直接对教育部长负责。各职位下皆设置若干名副职以协助管理日常事务,如秘书长下设总干事一名,副秘书长若干名。为了配合完成部门的教育总体规划,以及分工、协同完成教育工作,教育与技能部还设立了不同的教育机构,如儿童虐待调查委员会(Committee to Investigate Child Abuse)、教育研究中心(Commission to Inquire into Child Abuse)、格兰戈曼开发署(Grangegorman Development Agency)、高等教育管理局(Higher Education Authority)、爱尔兰研究委员会(Irish Research Council)、国家教育指导中心(National Centre for Guidance in Education)、国家课程与评估委员会(National Council for Curriculum and Assessment)、全国特殊教育理事会(National Council for Special Education)、爱尔兰资质认证部门(Quality and Qualification Ireland)、国家考试委员会(State Examination Commission)等。

  教育与技能部一直致力于发展各项教育事业,鼓励国民通过学习充分发挥自身潜力、实现人生价值,从而为爱尔兰的社会、经济和文化的发展作出贡献。该部门将学生置于教育战略和政策制定与发展的中心,并将学习当成是一项公益事业予以推进,以促进爱尔兰包容性社会的长远发展,提升民族凝聚力,为人民和社会谋福祉。在发展和完善爱尔兰教育事业的进程中，教育与技能部始终贯彻五大目标，分别为：(1)塑造一个满足社会现有需求的教育和培训系统，并激发所有学习者的动力；(2)推动处于教育劣势位置的学习者和有特殊教育需求的学习者的进步，以支持他们发挥潜力；(3)为教育培训提供者提供技能支持，以确保学习者获得高质量的学习体验；(4)加强教育与社区、社会和经济之间的更广泛的关系网的建立；(5)与教育培训的主要利益方合作，领导战略方向的确定和教育支持系统的建立与完善。

四、教育现状

教育就是学习，教育的过程也是学习的过程，这一过程贯穿人的一生。教育建设，资金先行。没有资金作为建设的基础和后续的保证，教育的建设就如无砖之墙，无土之木。政府的教育开支与国民生产总值(Gross National Product)之比率，实际上就是衡量一个国家对教育投入的重视程度的标尺。20 世纪末，尽管全球经济市场持续不景气，但爱尔兰政府依然高度重视国民教育，一直保持对教育(尤其是高等教育)的投入，从而促使高等教育高速发展。"凯尔特虎"十年磨一剑，爱尔兰高等教育由此跻身全球教育强国前列。据爱尔兰教育部网站 2018 年 7 月 30 日消息，爱尔兰政府将设立 500 万欧元的高等教育与创新基金(Higher Education and Innovation Fund)。该基金作为政府自 2016 年以来投资于高等教育的 1 亿欧元中的一部分，旨在促进爱尔兰高等教育的发展与创新。根据经合组织《教育一瞥(2009 年)》报告，25 岁至 34 岁的爱尔兰公民接受高等教育的平均比例为 44%，高出经合组织国家平均值 10%，高出欧盟 19 国

13%。全爱尔兰共有7所研究型大学,2009年有5所进入世界前300强,2010年有7所研究型大学和1所理工学院进入世界前500强,其中2所大学连续两年进入世界前100名(2009年和2010年《泰晤士报·高等教育副刊》排名)。在目前的世界高等教育全球化快速发展以及爱尔兰国内教育经费捉襟见肘、教育资源缺乏的大背景下,爱尔兰政府没有放弃国家教育发展大业,而是全方位出击进行改革创新,集约优质高教资源建立"创新学院"(都柏林大学和圣三一学院共建),全面统筹整合高等教育优势,打造国际高等教育品牌。

《2019年教育行动计划》规定了教育与技能部及其下属机构今年需要完成的优先事项,它与更广泛的行动计划框架相关,并依照《2019—2021年战略声明》中提出的目标和抱负继续前行。该计划强调了教育培训方面正在实施的重大战略改革方案,指明了关键业务功能在确保业务连续性和服务质量方面的重要性。在更广泛的战略框架内发布年度计划使爱尔兰能够以敏捷的方式应对具有挑战性和复杂环境的需求,同时坚守了可持续改革的战略重点。出于信息透明原则,教育与技能部公布了季度报告以监测自身在这一年的事业进展情况。季度报告概述了爱尔兰政府于2019年第一季度结束时在具体事项上取得的进展,其中包含了到2019年第一季度末应完成的28项主要目标和次级目标。截至第一季度末,爱尔兰政府已经完成了所有目标中的24项,完成率为86%。

《2019年教育行动计划》第一季度实现的目标包括:(1)启动高等教育机构部署的同意框架,开始对数字学习框架及其在学校中的实施进行纵向的研究;(2)开始建立评估框架,并通过该框架衡量有特殊教育需求的学生的学习成果;(3)实施与英国脱欧相关的学生支持架构变更,等等。

除了介绍目标之外,该计划还提及了一些在其他方面取得的成果,包括:为专业教育硕士的学生新增援助基金 100 万欧元;为有志于加入 2019 年至 2020 年特殊教育专业发展课程的教师提供 330 多个本科生和研究生名额;为新高等教育创新和转型基金拨款 2300 万欧元;为创意青年计划(Creative Youth)提供 600 万欧元的资金,旨在促进儿童和青少年创造力的发展。

五、爱尔兰教育的挑战和机遇

据估计,2002 年后出生的儿童的平均寿命有望达到 102 岁。随着人类平均寿命的提升,对于大部分人而言,退休年龄将大大往后延长,而传统的人生模式(读书—就业—退休)将不再适用。此外,科技的发展带来了不同产业的兴替,这也就意味着人们完成教育后涉足的第一个行业有可能在若干年后没落。要想跟上时代的步伐,人们需要不断更新自身的知识储备。这意味着未来人类将拥有多阶段并轨的人生模式,这也是建立终身学习制的一个重要原因。人类寿命的延长,既是机遇也是挑战。面对日益加重的人口老龄化现象,大力发展高等教育的重要性更加突出。人类寿命的延长固然意味着地球上将有越来越多的人口需要赡养,但人们保持年轻的岁月越长,被计算入老龄化人口的年龄也会越往后推迟,从某种程度上来看,这也意味着老龄化问题的一个潜在解决方案。实际上,爱尔兰以及欧洲其他国家在推动终身教育制的发展方面已经付出了多年的努力,也取得了显著的成果,如建立了整体的终身教育框架。然而,这些国家在推行这一观念的道路上也遇到了很多问题,这些问题也不容忽视。但是,爱尔兰政府还是坚持"学习是一生的事业"这一理念。相信只有在探索中解决了这些业已存在的问题,爱尔兰教育的发展才能"功在长远,利在千秋",才有可能为全世界的教育模式发展树立起一个可供参考的标杆。

一个教育培训系统若想发挥良性的作用,则其必须梳理好相互联系和影响的内部因素,如此才能使建立起来的教育机制发挥最大的作用。对于教育的接受者而言,优质的教育系统可以给他们提供一个高质量的学习环境,使他们既能够在这个环境里发挥自身的潜力,又能够养成积极的学习态度和生活态度,从而从容应对生活中的机遇和挑战。优质的教育系统也是社会凝聚力和文化发展的有力支撑,是创造国家经济福祉的核心,其在发展经济、稳定国际环境和提升综合国力方面发挥着重要作用。诚然,在推动爱尔兰教育培训系统的完善和发展的进程中,爱尔兰政府必然会遭遇种种挑战,但是机遇总是包含在挑战中。欲戴王冠,必承其重。只有在挑战中不断解决问题,不断完善自身的目标和结构,爱尔兰的教育培训体系才有望在2026年时荣登欧洲教育第一的宝座。

在发展的过程中,爱尔兰教育目前遭遇的主要挑战有:

(一) 政治环境变迁

从国内来看,爱尔兰政府的目标是联合全国不同人才的力量,以建立一个强大的经济体和一个公平的社会,使各个社区在爱尔兰城市和乡村中茁壮成长。《伙伴关系政府计划(2016年)》(*A Programme for a Partnership Government (2016)*)详细说明了政府将要推行的与教育培训有关的一些优先事项。迄今为止,为建立一个伙伴型的政府,爱尔兰政府已经做了大量的工作。在今后的发展中,政府将继续推行这项计划,以延长具体目标的生命周期。这些国内政策的变动必然会带来具体的教育政策的变动和教育措施的调整。

从国际上来看,英国脱欧对爱尔兰乃至整个欧洲的政治都产生了极大的影响,这一举措削弱了英国同其他国家之间的政治联系。作为英国曾经的属国和离爱尔兰地缘最近的国家,爱尔兰的教育本就是英式教育的延展,英国的这一举措无疑对爱尔兰是一项重大的政治、经济和社会挑战,这不利于两国之间教育层面的交流。因此,爱尔兰必须加大力度维护两国之间的教育合作关系,密切两国之间教育合作、培训和研究系统,加强爱尔兰岛南北地区人员的联系。

(二)经济环境风险

近年来,爱尔兰不断扩大对外开放的范围,经济发展势头平稳,各方面的经济表现优秀。爱尔兰与多个国家建立了贸易伙伴关系,其主要贸易伙伴的经济稳步增长,这也进一步推动了爱尔兰经济的发展。其中,爱尔兰政府大力推进对内的教育改革和对外的教育资源出口,从而促进了爱尔兰本国劳动力素质的提高,为全国乃至全世界注入了新的发展力量。

但是,受全球整体经济不景气的影响,爱尔兰也易受到经济全球化的冲击,因为它经济发展模式较为单一,过度依赖教育资源的输出。因此,政府在发展经济的过程中,既要防范地缘经济(英国)的消极影响和化解政府的债务危机,又要积极调整国内经济结构。这些宏观经济结构的调整必然会影响政府在教育方面的人力、物力和财力的投入,这将为教育的长期发展带来一些不确定性因素。

(三)劳动力市场变化

随着科技的发展,尤其是人工智能等高科技的全球热,爱尔兰的传统人才结构受到冲击，这势必也会带来人才培养结构的变更。

新兴产业正在不断兴起，从长远来看，这些产业必然将在未来成为推动一国经济发展的主要动力。面对不断变化的就业趋势，爱尔兰政府必须要大力发展教育以培育出符合时代特色和经济发展要求的、拥有实用技能的人才，这一点对于维持经济竞争力和增长来说至关重要。因此，现有的爱尔兰教育培训系统必须在满足眼下对新兴技能的需求方面发挥关键作用，为有多重需求的学习者提供接受教育、参加培训和学习技能的机会。除此之外，政府还要对市场现有的劳动力持续进行重新培训和技能提升。这些要求对于爱尔兰政府来说是牵一发而动全身，不可谓不艰难。

（四）人口压力加大

近年来，爱尔兰得天独厚的地理环境和经济发展态势吸引了众多的留学生和移民。大量外来人口的涌入不仅推动了国家的经济发展，也对爱尔兰的教育提出了新要求。

据爱尔兰教育与技能部预计，未来的爱尔兰移民水平将有望达到中等水平，并且本土生育率将持续走低，同比将维持在2017年的水平。经过一段时间的显著增长后，初等教育的入学率将在达到峰值后开始下降，而中等教育的入学率预计会继续上升，第二级教育阶段和第三级教育阶段的学生人数持续增加，这意味着爱尔兰的教育培训体系的未来将面临难题。要解决这一难题，爱尔兰需要谨慎地规划和分配未来的教育资本支出比重。

（五）管理部门改革

纵观当今世界，发展离不开改革，改革是事物内部的自我完善。爱尔兰的教育系统也是如此，改革能为教育注入新的发展动力。

爱尔兰教育与技能部正在推进广泛的教育改革，并继续采取系统的方法对整个教育培训部门进行战略规划和实践。这种将每个部门都紧密联系在一起的方法使得爱尔兰能够推行广泛的改革计划，并在支持和维持系统运作之间取得平衡。此后，教育与技能部将继续与主要利益攸关方合作，以确保在整个教育培训过程中踏出有计划性和目的性的改革步伐，并扩大以创新和评估为重点的改革范围。爱尔兰将继续推进《我们的公共服务2020》(Our Public Service 2020)这项新公共服务改革计划，并与政府机构内管理公共支出和改革的部门合作，进一步扩大改革范围，重点强调创新和对实施的计划之评估。

（六）教育公平问题

爱尔兰的教育质量首屈一指。不论是与欧盟相比，还是与其他国家和地区相比，爱尔兰高等教育入学率均跃居前列。然而，爱尔兰国家行动组近年发布的"关于爱尔兰国民接受第三级教育"的报告表明，爱尔兰现行的教育存在以下问题：爱尔兰社会经济地位较低的群体和残疾学生、成人学生、非全日制学生进入高校的比例偏低；不同区域间存在入学差距；高等教育资源分配不均；入学资金以及其他资源的评估体制欠缺，等等。这些问题一经提出，就引发了爱尔兰社会对高等教育入学公平性的高度关注和热烈讨论。国家行动组呼吁政府对这些问题给予高度重视，并制定具体的措施来解决它们。

爱尔兰高等教育局设立了专门的国家公平入学办公室，以年为单位分别制定《高等教育入学公平性行动计划》。这两个国家行动计划的制定基于"促进高等教育公平性"的理念，旨在为社会经济地位较低的群体、残疾学生、少数民族学生、成人学生、非全日制学生等处境不利的群体创造接受教育的条件,以保障爱尔兰全体国民享有平等的入学权利和机会。

根据往年的国家行动计划,爱尔兰曾采取诸如制定项目、引入新的资金分配模式、采用多元化的教学实践行动方案、建立有力的监督和评估体系等措施,将高等教育入学公平问题解决机制由高等教育扩展到中小学教育,由大学、理工学院、教育学院等院校扩展到社区中心、职业教育与培训学校,从而几乎涵盖了爱尔兰全国各级各类教育机构,从而在全国范围内建立了一个完善的高等教育入学公平体系,由其全面指导各高等教育机构制定的各种入学项目、计划和政策的实施,并帮助更多的"未被充分代表"的群体享有参与高等教育的机会,进而使爱尔兰高等教育毛入学率再创新高。此举全面提高了人口素质,增强了爱尔兰的整体竞争力。

到目前为止,爱尔兰高等教育毛入学率逐年攀升,成为世界高等教育入学率最高的国家之一。在全球范围内,爱尔兰的青年人受教育程度居世界首位。在全日制高等教育入学群体中,成人学生的入学率和残疾学生入学率都有所增长,非全日制学生和社会经济状况处于不利地位的学生的入学率都有所增加。这不仅意味着爱尔兰高等教育规模的扩大,也意味着不同社会阶层、民族、性别的学生以及残疾学生、成人学生和非全日制学生都获取了相对均等的受教育权利与机会。

(七)公务员改革

爱尔兰的中小学教师师资培训与高等教育的发展相比可谓相形见绌。爱尔兰虽然早在20世纪末就建立了对中小学教师的教育实践进行审查的机构,但事实上这一评估审查机制的发展情况堪忧。中小学教师专业性不仅发展缓慢,而且缺乏连续性。

这些缺点具体表现在以下两个方面:(1)爱尔兰政府对培育教师专业性的连续性认识模糊,教师在培训中获取的知识比较零散;(2)在教师职前培养、入职培训和在职教育三个阶段中,宏观的教师专业发展的计划与实际实施之间缺乏合理的衔接,从而导致有意图的培训未能有效提高教师的专业度,也未能有效提高中小学教育的综合质量。教师的专业性发展受到明显的制约,他们的教育理念、教育能力与教学技巧未能得到及时提高与发展,学校教学质量的提升也成了"空中楼阁"。

有关研究表明,缺乏明确的职业发展框架会影响中小学教师的教学质量。究其原因,主要是爱尔兰政府对中小学教师培训的投入太少。与欧盟其他国家相比,爱尔兰在这方面的投入处于低水平状态,这使得接受在职培训的一线教师名额有限,且受训时间较短。爱尔兰学者认为,教育行政部门和培训机构应尽快为教师的专业发展制定连贯的专业发展计划,使职前培养、入职培训和在职教育三个阶段具有连续性,同时政府部门应为教师的专业发展提供足够的资金支持。

(八)教育资助模式

近年来,爱尔兰大力发展高等教育,力争在本世纪20年代中期把高等教育打造成为一张王牌,达到世界尖端水平。爱尔兰目前需要建立一种长期的、稳定的教育拨款模式,从而推动高等教育稳中有进地发展,以确保其发展与预期相符。爱尔兰的高等教育体系对于创造就业机会、提高生活水平和支持公民充分发挥自身潜力与才干来说至关重要。

然而,近十年全球经济不景气,爱尔兰政府不得不削减教育开支，而本国学生和留学生人数的增加以及对雇佣长期学术人员的限制所带来的消极影响也给爱尔兰教育和经济造成了损失。欧洲大学协会于2019年1月公布的研究结果表明，由于资金短缺和入学率上升，爱尔兰与塞尔维亚是仅有的两个高等教育系统处于"危险"状态的欧洲国家。此外，2012年至2017年，爱尔兰政府的高等教育拨款占GDP总值的份额总体比之前的年份减少了一半。

爱尔兰政府最近增加了对教育的投资，以期扭转国家对教育部门投资下降的局势，但保持高效的高等教育资助模式并不容易，政府必须拿出果断的行动力来稳定经济发展，并且加大对各类教育的投入，以实现其综合目标，即到2026年，将爱尔兰打造成欧洲境内提供最好的教育和培训服务的国家。

第三章　爱尔兰基础教育

一、学前教育和特殊教育概况

(一) 学前教育(Pre-school Education/Creche)

学前教育,即儿童在接受正式的教育之前或者在学龄之前所接受的教育。这一教育模式存在于从欧洲到亚洲的各个国家,其为孩童进入小学阶段的学习打下了人际交往和智力发展方面的基础。除此之外,越发达的国家,对儿童早期教育的需求就越大;教育体系越完善,社会的支持力度也越大。

诚然,从蹒跚学步到牙牙学语,我们关于童年的记忆几乎都是和家庭相连的,童年对个人的发展起着尤为关键的作用。爱尔兰的基础教育起步晚,基础教育在以前一直被视为是家庭责任。20世纪90年代以前,家长在孩子的成长过程中起着无可替代的作用。

然而,时代风云变幻,传统的家庭结构也日新月异。几世同堂的大家庭(Extended Family)越来越少,取而代之的是占社会主体的核心家庭(Nuclear Family)。在如今的爱尔兰,很多家庭都是双职工家庭,无论是出于生活的压力,还是出于精神上的疲惫,为年幼的孩子选择早教是不得已的但也是比较好的选择。

家长有宪法赋予的权利,他们有权利为孩子选择任何他们认为适合自己孩子的教育方式。如果他们认为孩子适合待在家里,由家长自己进行教育,那么这种选择也是被允许的。

爱尔兰研究学前教育的学者认为,学前托管机构是儿童体验第一次离开父母并成为井然有序的、有浓厚学习氛围的环境中的某一团体的一份子的重要场所;对于所有儿童来说,游戏都是必需品,那些没有足够机会去通过游戏表达自己的孩子,可能无法习得充分发挥自己潜能所需要的技能。因此,大多数爱尔兰的学前学校服务会为儿童提供有计划性的教育方案。这些教育方案大多以游戏或"自由"游戏为基础。

爱尔兰现行法律规定,准妈妈一旦生下孩子,即可享受政府提供的为期六个月的"产妇福利金"。这项政策旨在鼓励妈妈们亲自照顾自己的孩子。除此之外,她们也可以额外申请三个月的无薪产假,以给予孩子更多的看护和陪伴。当孩子满 3 岁以后,政府会支付相关的费用来安排专门的机构为幼儿提供每天三个小时的看护。因此,在孩子 9 个月至 3 岁的这段时间里,很多职场女性会选择送孩子去被称为"Creche"的托儿机构。

在为孩子选择合适的早期教育班时,爱尔兰的家长们有如下备选项:

婴儿班(For Babies)	3 个月至 12 个月
幼儿班(For Wobblers)	1 岁至 2 岁
儿童班(For Toddlers)	2 岁至 3 岁
学前班/蒙特利梭(For Pre-school Kids)	3 岁至 5 岁

(此表格为本书作者自制)

从上面这个表格来看,爱尔兰儿童接受早期教育的时间一般比较早。但是,由于入学的孩子年龄较小,所以有时难免会出现孩子对学校的教育不适应的情况。此外,学龄前儿童在学校可能会遇到的一系列问题吸引了社会各界的关注。其中,最主要的政策支持和资金支持还是来自于爱尔兰政府。

前几年,爱尔兰政府出台过一个《早期儿童保健和教育计划》(*The Early Childhood Care & Education Scheme*),旨在为学龄前儿童(年龄在3岁至5岁之间)提供每日三小时的保健和教育,并且提供每周五天的幼儿园费用。这样算下来,孩子们一年的保育时间大约是38周。这一费用可由孩子们所属的幼儿园申请,一经审批通过,则其可以被用以抵扣应交的保育金。但是,这一计划也有局限性,即这些学龄前儿童只能享受一年的福利待遇。此外,超出三个小时的保育费用或是参加其他类别的服务的费用都需要父母自行支付。

目前,整个爱尔兰约有5000家学前教育服务单位。这些单位都会在政府健康服务机构(Health and Safety Executive)备案,它们在备案前可向社区儿童看护委员会(Childcare Committee)提交申请。尽管幼托机构数量众多,但很多单位还是爆满。如果家庭中有适龄的幼儿,那么当地的父母一般会多申请几个机构,以求得更高的成功率。

这样的幼托机构往往是培养孩子学习能力和社会能力的起点。有的幼托机构会提供Montessori(蒙氏教育),提倡幼儿的快乐自由式成长;有的幼托机构会提供一些益智活动,如游泳、芭蕾、瑜伽、舞蹈等,这些都有利于培养孩子的好学天性。总而言之,幼托机构组织的活动包括艺术、语言发展、早期数学学习、个人社会与情感发展、身体健康和体育项目等。无论活动为何,它们都有利于幼儿的身心发展,并为父母省去了一定的教育负担。

考虑到幼儿入学的费用超出了一些父母的经济能力范围,爱尔兰教育与技能部于 2017 年 3 月 6 日继续推出《学龄儿童托管教育计划》(*Action Plan on School Age Childcare*)。该计划拟投入 300 万欧元,用于为学龄前儿童提供各项服务。该投资"将有助于父母安心工作,并为儿童提供最好的保育服务;为儿童及其父母提供一系列高质量、可负担的选择;关注学龄儿童保育的质量"。该计划不仅可以有效地保证孩子们的健康和安全,也有利于提高保育人员的综合能力,从而为孩子们提供质量更高的保育。[1]

在正式入学以前,爱尔兰儿童可进入小学中的幼儿班进行学习。幼儿班覆盖爱尔兰全国,由政府提供经费,学前教育经费约占 GDP 的 0.44%。由于大部分的爱尔兰人是天主教徒,所以幼儿班虽隶属于教育部,但其由教会管理。每个班级的儿童最多不超过 30 人,班级配有受过培训的老师、保育人员和助理人员。孩子们平时可以相对自由地选择去或不去上课,课堂上所教的课程是小学课程之外的相对独立的部分,属于小学阶段的预备课程。

学前教育课程强调个性化的学习途径及教学方式,重视对儿童发展需要的满足,主张活动学习及多学科综合学习,着重实现知识与能力的平衡,关注计划和评价。课程主要有语言教育、数学教育、环境和科学教育、艺术教育、身体教育以及社会、个人

---

[1] 李华:《爱尔兰政府发布学龄儿童托管教育计划》,北京:教育部教育信息管理中心,2017 年,第 77 页。

和健康教育六大核心领域,内容包括爱尔兰语、英语、数学、环境教育、学科教育等。课程相对灵活,不同学校可根据儿童个人的特点和地域的需要进行适当调整。在幼儿班,孩子们可以通过游戏发展想象力和创造力,从游戏中认识自己以及自己与他人的异同点;孩子们也可以通过游戏培养学前数学能力和阅读技能,以自然的方式做出选择、提出想法,运用自己的思维表达意见并解决问题[1]。

爱尔兰的幼儿教育寓学习于玩乐中,为孩子们营造了一种积极、愉悦的学习环境。同时,家长也可以参与到游戏中,这有利于增进亲子感情。幼儿教育的工作人员包含老师、保育工作者以及若干家长志愿者。其中,老师和保育工作者由学校董事会任命并受其监督。家长可自愿选择是否参与幼儿教育的日常管理和活动的策划与组织,志愿者由学校董事会遴选,其工作内容和时间由学校统一管理。

《学龄儿童托管教育计划》中的课程设置优先发展四个方面:健康领域、自我认同感和归属感领域、交流领域、探索与思考领域。科学研究表明,参与系统性的游戏活动有助于儿童的大脑核心区域的发展。在这些精心设计的教学活动中,老师们不断开发各种游戏和积极的亲子互动活动,并为每一个孩子设置具体的个性化学习目标。

爱尔兰的幼儿教育有明确的教学目标和主题,采用"寓教于乐"和"均衡发展"的教学方法,重视家长的参与度。这一点值得

---

[1] 胡恒波:《爱尔兰学前教育的政策、举措及启示》,广州:广州教育科学研究所,2002年,第92—94页。

各国学习和借鉴①。

(二) 特殊教育

每个孩子都是家庭的未来,健康快乐是父母对孩子最大的期盼。然而,有些孩子的出生和成长总是伴随着一些缺憾。儿童的特殊教育主要指向有听力障碍、视力障碍和其他特殊需要的儿童提供的教育。

爱尔兰的特殊教育源于英国。英国的特殊教育始于18世纪末,其标志性事件主要包括1791年盲校机构的建立、18世纪聋教育机构的建立、1851年残肢儿童教育机构的建立和1847年弱智儿童教育机构的建立。特殊教育在英国真正兴起的时间大约在20世纪以后。自1949年爱尔兰共和国成立以来,爱尔兰政府就设立了特殊教育小学,旨在培养和引进专业人才以支持本国特殊教育的发展。

早前,爱尔兰政府制定了《早期开端计划》(*Early Head Program*)。这是一项为期一年的预防性干预方案,其策划、资助和评估都由爱尔兰教育和技能部执行,并在指定的弱势区域及选定的学校内实施。这项计划的受众是年龄在3.2岁至4.7岁之间的特殊儿童,其目的包括:

(1) 帮助儿童充分发现和开发自身的各项潜能;

(2) 帮助儿童树立学习的信心;

(3) 培养儿童积极的、有组织的和适当的独立行为,引导儿童逐步形成正确的学习方式;

(4) 注重儿童语言能力、自我认知能力和社会认知能力的

---

① 陈智峰:《爱尔兰和新西兰幼儿园体育教育研究及对大陆的启示》,西安:体育世界杂志社,2017年,第65—66页。

开发，以便今后能轻松应对学校生活。

除此之外，如果学生还有其他特别的需要，则学校还会根据具体的情况为他们提供其他的关注和帮助，这其中包括有语言障碍的外国学生和身体有残障或者发声与听力有困难的学生。爱尔兰也有专为残疾学生开设的不同级别的学校，这些学校都为不同缺陷的学生提供了特别的教育方式和设施。但是，《早期开端计划》有自身难以克服的缺点：(1)它所提供的干预性预防计划的适用范围较窄，仅适用于弱势地区中的那些具有特殊需要的幼童；(2)工作的推行以儿童的需求为重点，既缺乏配套的、成熟的管理体系，也缺乏专业的援助团队，即缺乏专业的师资力量和符合时代发展的设施；(3)该计划的实施时间为一年，这对于有特殊教育需求的学生来说无疑是杯水车薪。

2019年3月，爱尔兰教育与技能部部长乔·麦克休宣布试行新的学校包容模式，以便在适当的时间支持有特殊教育及额外护理需要的学生。该模式由2019年预算中的475万欧元拨款资助，并将邀请基尔代尔、威克洛和南都柏林的75所小学和中学参加这项基于研究的教育和健康支持新计划。该计划将在2019—2010学年进行试点和评估。

与《早期开端计划》相比，这一学校包容模式的主要特点包括：(1)建立一种面向特殊需求助理(Special Need Assistant)的前台加载分配新模型。特殊教育教学的分析系统将被用于分配资源和打破其与评估需求之间的壁垒。此模型还包括一个申诉机制，以处理学校的特殊案件。(2)扩大全国教育心理服务(National Educational Psychological Service)，加大对教育心理服务的支持力度。此外，该模式将招募更多的心理学家为具有复杂教育需求的学生提供更多的在校支持。(3)国民账户体系将提供一个新的国家培训方案,它的设计目的是为学生提供技能和知识培训。该培训将强调学生发展独立性和应变能力的必要性。(4)为学校中有复杂医疗需求的儿童提供新的国家护理服务。新的服务是对目前社区所提供服务的补充。与此同时,爱尔兰教育与技能部将为各个试点学校设立一个区域支持小组。该团队将包括4名言语和语言治疗师、2名职业治疗师和4名行为支持从业者。另有19名言语和语言治疗师和12名职业治疗师将在学校内提供额外援助。

这一模式体现出"包容"和"获取"是爱尔兰教育体系的核心价值。在爱尔兰人的教育理念里,每个孩子都有机会尽自己所能地学习和发展,并得到他们需要的支持。此模式的推行将测试和评估更广泛、更全面的教育和健康支持体系,以满足更多学生的特殊护理需求。

除了小学阶段的特殊教育体系之外,针对不同学习阶段的有特别需要的学生,普通学校会有协助教育的教师。这些教师会关注学生的特别需要,并向他们提供特别的帮助。这些受帮助的群体包括有语言障碍的外国学生、身体有残障的学生以及发声或听力有困难的学生。为了更好地和家长沟通,在和外国家长会面时,学校会聘请翻译。爱尔兰也开设有残疾学生学校,学校内配有特定的教育设施,并为不同的学生提供有针对性的教育方式和教育内容。

除了制定有目的性的特殊教育计划外,爱尔兰政府还重点培养和引进高质量的学校工作人员,包括教师和特殊教育需求助理。有效的领导、家长的参与以及学校制定的政策和实践,这些都可以为确保有额外需求的儿童取得高质量的学习成果保驾护航,也体现了爱尔兰教育的包容性。特殊教育是爱尔兰教育体系血脉相连、不可分割的一部分,特殊教育体系的完善也有利于整个爱尔兰教育体系的稳定和健康发展。

二、中小学义务教育

爱尔兰儿童接受基础教育的年龄很早,孩子们最早3个月大时就可以进入相应的早托机构开始自己的学习之旅。完成早期教育之后,儿童的中小学教育的学制是"8+5"模式,即儿童先接受连续八年的小学教育和五年的中学教育,然后再通过大学入学考试,进入大学学习。

爱尔兰的中小学教育是义务教育,此阶段的教育基本免费。爱尔兰的中小学种类众多,从学校性质来看,可以将学校分为公立学校和私立学校,此外还有相当比例的教会学校存在。爱尔兰是天主教国家,受浓烈的天主教氛围影响,因此爱尔兰的学校可分为宗教学校、非宗教学校、多教派学校和爱尔兰语学校(用爱尔兰语教学的学校)。此外,受传统英式教育的影响,爱尔兰的中小学也可分为男校、女校和男女混合制学校。

(一) 小学教育

爱尔兰的小学分为免费的国立小学(由爱尔兰政府资助)和收费的私立小学。小学阶段的公立学校较多,私立学校相对较少。两种小学的教学质量都很高,公立学校的政府支持力度很大,私立学校则拥有更为现代化的教学设施。

孩子们一般在4岁到5岁时就开始准备入学登记,但一般在6周岁才入学。学生上学采取类似我国的学区制,名额有一定的限制。因此,有的学校会基于学校的规定择优录取。家长们在送儿童入学时一般要先进行网上申请或现场申请,也可以根据学校距离的远近多申请几所学校。

爱尔兰的小学大约有 3300 所,其中私立学校只有 45 所。爱尔兰国立学校(National Schools)系统成立于 1831 年。最初,政府并没有出台法令来规范这些学校的运作,学校的日常运营由教会统一管理。1998 年,爱尔兰政府出台了《教育法》,用小学(Primary School)代替了国立学校(National Schools),至此爱尔兰的小学教育更加合法化、系统化和规范化。

小学教育共八年,主要分为两个阶段,第一阶段由为期两年的幼儿教育组成,第二阶段由为期六年的基础教育组成。其中,幼儿教育又分为初级幼儿班和高级幼儿班。如果一个适龄儿童恰好 5 周岁,那么在 6 月 30 日之前出生的儿童就上高级幼儿班,在 6 月 30 日以后出生的儿童就上初级幼儿班。爱尔兰的小学的班级人数有规定,每个班级最多不超过 28 人。

孩子的年级和上学时的岁数分别为:

学前教育阶段:

- 初级幼儿班(年龄在 4 周岁至 5 周岁/5 周岁至 6 周岁)
- 高级幼儿班(年龄在 5 周岁至 6 周岁/6 周岁至 7 周岁)

小学阶段:

- 一年级(年龄在 6 周岁至 7 周岁/7 周岁至 8 周岁)
- 二年级(年龄在 7 周岁至 8 周岁/8 周岁至 9 周岁)
- 三年级(年龄在 8 周岁至 9 周岁/9 周岁至 10 周岁)
- 四年级(年龄在 9 周岁至 10 周岁/10 周岁至 11 周岁)
- 五年级(年龄在 10 周岁至 11 周岁/11 周岁至 12 周岁)
- 六年级(年龄在 11 周岁至 12 周岁/12 周岁至 13 周岁)

爱尔兰的小学一般上午 9 点或 9 点半开始上课,每一天的学习时间约为 5 小时 40 分钟。这其中包括午休和其他活动的时间。午休一般是上午 11:00 至下午 1:30,孩子们可在学校午睡。一般前两年的学龄前教育和第一年的正规教育的每日课时会比后五年的正规教育的每日课时少一小时,即孩子们的实际在校学习时间约为 4 小时 40 分钟。

小学主要开设的课程有英语、爱尔兰语、数学、历史、地理、社会、环境、科学、艺术(包括视觉艺术、音乐和戏剧)、体育、个人卫生保健和宗教。爱尔兰还特别重视本民族语言教育。在小学阶段,学生们通常都要学习爱尔兰语。学生如果年满 11 周岁、在国外学习过三年后又重新入学或者有身体障碍无法按标准完成语言学习,则可以申请免修。

在爱尔兰,所有适龄(6 岁至 16 岁)儿童都必须接受全日制义务教育。在此一阶段,学校秉承的是以儿童为中心的教育方法,根据儿童需要和兴趣开设课程,鼓励小学阶段的学生认识自我、开发潜能。爱尔兰语是爱尔兰全国中小学的核心课程,英语是爱尔兰的通用语言。小学课堂进行双语轮流教学,以儿童为基础,以感知体验式学习为主。学校举办生动多样的文化活动,让儿童充分体验不同的风俗习惯、饮食、服饰、建筑等,让儿童在玩中学。

学校一般没有校车,由家长负责孩子的日常接送。家离学校较远的孩子可以选择由爱尔兰巴士(Bus Eireann)提供的有偿接送服务。一旦选择了这一服务,家长就必须每天在规定的时间内将孩子送至校车接送点(一般接送点距离家庭地址不超过 2.4 公里)。

爱尔兰的初等教育学校大多接受国家资助并归国家所有,由地方捐款补充。国立小学由天主教会、爱尔兰国教会等教会机构管理。另外,爱尔兰有少数类似英国的收费制私立寄宿学校的教学机构存在。同时,一些地区有专门为残疾儿童开设的学校,它们被称为"特殊教育学校"。

小学开学前,很多学校都会为家长安排信息通报会或开放日,以便他们能够了解更多关于学校及学校应向儿童提供何种教育的信息。一般来说,所有小学都有学习扶助或资源教师机构。一些儿童可能在课程学习上有困难,因此他们需要附加的教学时间。如果遇到这种情况,他们可以向扶助教师寻求帮助。某些学校会开设课外协会,旨在专门帮助那些在完成家庭作业方面存在困难的儿童。

幼儿班的学生没有正式的作业,只有一些简单的绘画、阅读和图形匹配的任务,或者只是让他们听父母讲故事。小学每个年级的课后作业时长也有限制:一年级和二年级为 20 分钟至 30 分钟;三年级和四年级为 30 分钟至 40 分钟;五年级和六年级为 40 分钟至 60 分钟。

每个学年的起止日期都是从落叶纷飞的九月到烈日炎炎的六月。爱尔兰法律规定,每年必须至少有 183 天的上课时间。开学前,家长们会提前获取校历,以知悉确切的节假日安排。假期集中在圣诞节、复活节、期中休息日、银行假期和教师培训日。值得一提的是,爱尔兰小学毕业没有正式考试。

(二) 中学教育

爱尔兰的学生一般从 12 周岁起开始进入初中学习,持续三年,然后参加结业考试。结业考试后,他们可以选择为期一年的"过渡年"或直接进入高中学习。因此,爱尔兰的中学包括三年初中教育和两年至三年高中教育。

孩子的年级和上学时的岁数分别为:

初中

- 一年级(年龄在 12 周岁至 13 周岁/13 周岁至 14 周岁)
- 二年级(年龄在 13 周岁至 14 周岁/14 周岁至 15 周岁)
- 三年级(年龄在 14 周岁至 15 周岁/15 周岁至 16 周岁)

高中

- (过渡年)
- 五年级(年龄在 16 周岁至 17 周岁/17 周岁至 18 周岁)
- 六年级(年龄在 17 周岁至 18 周岁/18 周岁至 19 周岁)

爱尔兰的学校教育注重学生的全面发展,而不限于提升学习成绩。因此,爱尔兰的中学除了设置传统的教学科目外,还设有一些为学生培训专业技能的课程,如历史、科学、生物、化学、地理、会计、商务等。有的学校还要求学生学习世界宗教、体育(足球、划船、游泳等)、艺术、戏剧和音乐。

在中等教育阶段,每个学生必须要修至少五门课程,其中英语、爱尔兰语及数学为三门核心课程。针对年满 11 周岁后接受爱尔兰教育的学生,学校并不强求他们参加爱尔兰语考试。学生可以根据自身的兴趣爱好,自主选择学习除必修课以外的其他科目。

中等教育学校的类型很多,主要包括普通中学、职业中学、社区中学和综合中学。大约 60% 的学生会选择普通中学。绝大部分普通中学都属于义务教育阶段的免费院校,学生享受国家津贴和补助。

除了普通中学以外,大约25%的学生会选择职业中学。他们享受国家提供的93%以上的学习费用补贴。学得一技之长也不失为一种为以后就业打下基础的良好选择。近年来,职业中学除了为学生提供教育外,也不断增加职业教育体系的高等职业教育和职业培训服务。大约14%的中学生会选择社区中学和综合中学的教育,他们单纯以完成中学的学业为目标。

初中教育在学生考试取得中考毕业证书(Junior Certificate)后结束。初中教育结束后,学生可以直接选择为期两年的高中课程,也可以选择为期一年的过渡年教育,然后再进入高中学习。

爱尔兰的中考(The Junior Certificate Examinations)在每年的六月初举行(考试内容包含大约10门科目)。许多学校在每年二月份为学生提供模拟考试(也叫"考前测试")。模拟考试由独立的第三方公司提供试卷和评分系统,因此其成绩仅作为参考。学生们参加中考以后,即可获得初中毕业证书,不需要依据特定成绩判定是否被授予证书。

中学阶段的过渡年(Transition Year)是爱尔兰中学教育的一大特色。不同的学校对过渡年有不同的安排,有些学校的过渡年是强制性要求,有些学校的过渡年是选择性课程,有些学校甚至没有过渡年。

过渡年的课程和实践由教育科学部按规定设计和安排,其内容涵盖学校的日常学习活动和校外的实习课程,整个过程中不设正式的测试。这一年,学校一般会统一安排学生参加各式各样的社会实践活动和为期两周至四周的工作实习。

作为连接初中(Junior Cycle)和高中(Senior Cycle)的桥梁,过渡年有利于让学生自然而然地从依赖性学习的初中阶段顺利走向自主独立学习的高中阶段,也有利于让学生更多地感受职业生活,积累工作经验和技能,提高学生的人际交往能力,拓宽学生的视野和知识面。这种过渡年模式体现了爱尔兰的全面教育观,有助于培养学生全面发展的能力。

在这一年里,除了参加少量的文化课学习外,学生在剩下的大多数时间里都会被安排参加学校组织的活动,包括旅行、交流、游览等。学生也可以参加创意写作、帆船、电影制作、公开演讲等课程,以增加友谊和增强团结协作能力。此外,学生还可以到银行、互联网公司、律师协会等各大知名企业参观学习。比如,爱尔兰联合银行(Allied Irish Bank)就与所在地中学合作,为学生建立"模拟银行"项目。学生将有机会参与银行的所有业务,如为银行寻找新客户、熟悉储蓄业务与理财业务等。

经历过过渡年的学习后,学生们随即升入高中进行学习。爱尔兰的高中教育是以毕业考试(Leaving Certificate)为目的而进行的教育,该考试类似于我国的高考。在考试中,学生所获得的排名前六的成绩将被换算成分数,并作为判断学生等级的依据。其中,数学和英语是必考的两门科目。高等级科目的满分为100分,普通等级科目的满分是60分。该考试分为三个等级,依次是高级(Higher Level)、普通级(Ordinary Level)和基础级(Foundation Level)。只有取得高级证书(Higher Leaving Certificate),学生才能进入大学学习。

爱尔兰的高考(The Leaving Certificate Examinations)于每年六月份的银行假日(Bank Holiday)之后的第一个星期三举行。许多学校每年都会在二月份举行模拟考试。但是,模拟考试不是强制性的国家考试,其一般由私营出版机构组织,因此其成绩仅作为参考。该考试的竞争程度尤为激烈,家长和学生也极为重视。

三、升学模式和问题

爱尔兰教育注重儿童个性化教育和全面化教育。爱尔兰政府秉持平等、包容、开放的儿童教育观念,一直优先发展教育。爱尔兰全国的文盲人数约占全国人口的 2% 左右。与此同时,爱尔兰也是世界上 15 岁至 29 岁年龄段人口入校就读率最高的国家之一。

爱尔兰的小学教育自由开放,学生可以选择在家学习或者进入小学学习。小学毕业时,学生没有升学考试。为了方便上下学,孩子们在中小学时一般都选择就近入学。私立和公立只是学校种类的差别,并无优劣之分。不同肤色、不同智力水平、不同健康状况的孩子都可能出现在同一个课堂上。衡量学校水平的基准在于这个学校是否成功针对学生的多样性制定了整体的、完善的教学计划。这一模式可能会使孩子们在受教育的过程中过度注重个性的发展,从而忽视了学业课程的学习。从长远来看,这一模式会削弱孩子在高中乃至大学入学考试中的学业竞争力。

从表面来看,爱尔兰的学生似乎可以直接升入中学。但是,实际上,学生们要参加中学组织的入学笔试和面试,有些学校也需要家长参加面试。除了入学考试之外,中学还会要求学生提供填有小学老师评语的表格。这些都与弱化学业成绩的教育现状不符,笔试和面试也会加重学生和家长的负担。

进入高中的学习之前,大部分学生会经历为期一年的过渡年。这种升学模式内容较为繁琐,加重了学校和家长的负担。此外,过渡年过于强调社会实践,很多孩子年纪小,生理和心理承受能力低,难以应对社会压力。孩子们一旦体验过社会的弯弯绕绕后,就很难再专注于学习。学习内容过多无疑剥夺了孩子们一年的学习时间,这无疑会降低学生进入优秀院校的学习机会,也不利于学生在高中阶段有较好的学业表现。

高中毕业时,学生可以自主选择参加高考,取排名前六的成绩计入总成绩,并换算成进入大学的等级资格,以进入相应的大学学习。学生可能很难同时应对太多科目的考试,而取最高的六个分数没有学科的固定性,不利于学生的大学专业选择和专业录取的公平性。

爱尔兰属于天主教国家,大部分学校仍是天主教学校。有的学校在录取学生时会以先招收本教区的学生为主,但是天主教徒的身份并不是入学的必要条件。由此可见,宗教在学生的升学中还占有一定的影响力,而这在一定程度上会影响教育的公平性。因此,爱尔兰政府应当减弱宗教对基础教育的影响,扩大不同区域之间学生的流动和教育资源的分享,以促进教育的公正和公平。

四、德育特色[①]

受资本主义经济的影响,爱尔兰的德育带有一定的自由性和阶级性。资本主义经济要求自由的市场,这必然会导致自由

---

① 郭艺倩:《中英两国中学德育课程比较研究》,乌鲁木齐:新疆师范大学出版社,2016年。

的文化思潮。以私有化为特征的资本主义经济必然也会催生资本主义道德,因此爱尔兰的道德教育的核心是为个人服务。除此之外,虽然天主教在爱尔兰盛行,但是受人文主义思潮的影响,爱尔兰的德育呈现出多元化的趋势。

爱尔兰德育的目的是培养爱国主义精神和民族精神,培养多元化的合格公民。德育课程的开展结合学生的特点层层推进。针对处于不同阶段和不同心理特征的学生,德育课程提出了不同的具体要求,体现了明显的层次性和阶段性。

爱尔兰的德育具有隐蔽性,主要采用"情境教学法"和"活动教学法",用问题和话题作为课程的开始,通过讨论的方式学习新知识。这有别于填鸭式的灌输,其对过程性评价方式的注重更是润物细无声,有利于学生的长远发展。

五、少数民族基础教育特色

爱尔兰人的祖先是凯尔特人,他们是欧洲大陆第一代居民的后裔,民族成分相对单一。在目前的爱尔兰人口中,80%以上是爱尔兰人,其余主要是英格兰人和苏格兰人。上世纪90年代,随着爱尔兰经济的崛起,部分华人从中国大陆、英国、东南亚等地涌入。截至目前,在爱尔兰的华人华侨约有5万到6万人。

作为重要的移民国家,爱尔兰十分重视人权和儿童的平等意识。为了使学校尊重每一个儿童的基本权利,爱尔兰的中小学组织课堂和课外活动,大力宣传儿童的权利,致力于保证所有来自不同国家、拥有不同文化的儿童享有平等的权利。

提高社会多元化程度、增强多元文化意识与平等观念、尊重差异、反对偏见与歧视是爱尔兰在落实跨文化教育工作中的重要主旨。因此,爱尔兰为跨文化教育的课程设置和制定了诸多原则,如注重儿童的和谐全面发展、承认个体差异的重要性、强调以环境为基础的学习方式的重要性等。

近年来,爱尔兰中小学教育在教学中持续强化儿童对文化与社会差异的关注,鼓励儿童与他人和谐共处;学校在生活态度、情感道德、自我认知、想象力、审美等多个方面融入了跨文化意识,逐步教育儿童获得正确的理念;学校不断传递不同宗教与种族的宽容性,帮助儿童逐步树立文化自豪感。学校会特意在教室里布置各国国旗、地球仪,在图书区摆放不同文字版本的图书、杂志、音像资料等,并且会经常性地开展体现不同国家特色的课外活动,以帮助儿童了解其他国家和它们的文化。

爱尔兰中小学非常重视课本等教育资源的选择,并努力实现透明化管理。教育载体中的文字与图片不仅传达了教育信息,还添加了对宗教、性别、种族等方面的正向描述。

学校教育也将跨文化教育融入音乐课中。爱尔兰中小学的音乐教育向学生介绍音乐中体现的文化背景,鼓励儿童进行不同音乐文化传统的学习;学校举行不同文化的专题音乐会,邀请其他民族语言文化背景的音乐家驻校表演;学校组织社区成员、学生与家长共同参加艺术表演;学校组织学生参加异文化的文艺演出,体会不同角色所表现出的独特历史,等等。

爱尔兰中小学认为,语言能力在儿童的发展中起着非常关键的作用。通过语言学习,儿童可以了解爱尔兰与欧洲凯尔特人之间的密切联系,从而了解其他国家的多元历史与多元文化。语言方面的教育实践能培养儿童对外部世界的理解和感知能力。针对转校新生,学校公开表扬其优点,有组织地为新生提供各种机会,通过小组活动促进新生与其他同学的接触,帮助其在最短时间内融入到新环境中。学校鼓励新生运用音乐、艺术、戏剧等国际通用语言实现与同学间的交流，或者通过英语辅导和同学间的帮助，使新生跨越语言障碍。

总而言之，爱尔兰的少数民族教育不仅内容全面，而且方式多种多样。这些独特而体贴入微的教学方式有利于帮助少数民族学生提高民族认同感和自豪感，使他们获得平等的受教育权利，也让他们树立全球视野，从而成长为与国际接轨的人才。

六、安全防范设施

爱尔兰的学校特别注重校园安全。和中国一样，爱尔兰是一个禁枪国家。爱尔兰的中小学校园是全封闭状态，日常上课时间不允许参观。此外，爱尔兰政府还规定，非在校生不允许进入校园。如果在报考前申请参观的话，考生至少要提前一个月递交网上申请，经批准后方可入校。学校配备专门的校车，孩子不允许私自回家。如果孩子不愿意搭乘校车，则家长或监护人必须亲自接送孩子。但是，达到一定年龄的儿童是被允许单独离校的。因此，爱尔兰的校园安全有保障。

爱尔兰的学校选址特别讲求安静的环境，以防止出现校园污染事件。当地的儿童设施在建筑选址上都有明确而详细的说明。爱尔兰的法律规定，但凡有可能影响到儿童健康和安全的设施和建筑，都必须远离儿童。这里所提及的危险包括危险建筑、噪音和污染。

在建设学校或学生活动中心时，爱尔兰有一套独特的监管体制。爱尔兰有两个独立于社会其他部门的监管机构，即Tusla Inspections 和 Pobal Compliance Visits，这两个监管机构会监管这类建筑的选址、建设、后期改良等各个方面的活动。其中，Tusla Inspections 不受任何部门的制约，严格监管与学校建筑相关的各方面事宜。

除却监管方面的独立和严格，爱尔兰的建房许可部门也能够有效且严格地执行"先批准后建设"的原则，以保障各类儿童设施的安全性和稳定性，从而为学校营造一种绝对安全和友好的环境氛围。

七、基础教育面临的主要问题和改革设施

爱尔兰教育注重培养学生的自主意识和实践能力，课堂气氛较为民主平等，学生和老师相互尊重。大量人文社科探索类课程的开设有利于开拓学生的眼界。然而，由于过分强调以人为本，所爱尔兰学校的课堂纪律比较散漫，学生学习态度较差，教师的教学进度很慢，教学内容也相对较为简单[1]。除此之外，爱尔兰是一个农业大国，此前的教育发展不足以为经济改革发展输送足够的人才。

近年来，爱尔兰加大财政投入力度，通过严格的教师培育制度来培养合格的教师。其次，爱尔兰亦加大了科技创新力度。近日，爱尔兰政府又宣布开展一项人才培养计划，旨在使爱尔兰到 2026 年时拥有欧洲最佳教育培训服务体系；同时，爱尔兰政府不断致力于提高爱尔兰青年的综合素质，以确保他们在国内外劳动力市场上有更强的竞争力。

---

[1] 何义：《她要转学回中国——兼谈中国与爱尔兰基础教育之优劣》，北京：教育部基础教育课程教材发展中心，2018 年，第 74—76 页。

根据此项计划,编程将于2018年开始正式被纳入爱尔兰小学课程,计算机科学则成为获得毕业证书的必考科目。爱尔兰政府未来还会在高等教育中加入新语言课程。现任爱尔兰通信、企业和创新部长理查德·布鲁顿(Richard Bruton)曾表示,用创新教育培养卓越人才是爱尔兰经济发展的核心内容。爱尔兰计划在2018年前大力发展教育,以满足74%的高科技岗位的人才需求。

据爱尔兰教育部官网2018年2月7日的消息称,"爱尔兰发布了《2018年教育行动规划》(Action Plan for Education 2018),提出到2026年将爱尔兰的教育和培训体系打造成为欧洲最佳教育体系的目标"。此次规划提到了具体措施,其中关于基础教育的有加强创新型素质教育发展、规范学校核心课程设置、提高教师教学水平、促进跨学科融合、提升全民终身学习的参与度等。

2017年,高等院校的世界竞争力重新洗牌,整个爱尔兰的教育系统总体排世界第七位。与欧洲其他国家高昂的学费相比,爱尔兰本国的学费很低,而学费低廉的原因主要归功于爱尔兰政府的资助和支持。

爱尔兰政府还颁布了"创新2020"计划。该计划是一项综合性创新国家建设计划,投入金额超过50亿欧元。项目的具体内容包括:从小培养孩子的职业规划意识;平衡各研究领域的性别比例;2020年前,在全国范围内增加60%的企业研发人员与30%的研究生和博士。这些举措有利于促进男女平等和提高从业者的综合素质。

八、可资借鉴的经验教训

爱尔兰悠久的历史文化和优秀的教育水平为世界所公认，其高素质的劳动力为经济发展提供了十分强劲的支持，从而使得爱尔兰在经济危机之后得以迅速恢复和发展。早在中世纪，爱尔兰的教育就是西方世界中的佼佼者。爱尔兰是世界上受教育程度最高的国家之一，有81%的爱尔兰学生完成了中学教育，约60%的学生继续接受高等教育。一代又一代受过教育的爱尔兰公民不但在国内获得成功，在国外也取得了不凡的成就。许多国外的跨国企业高层是爱尔兰大学的毕业生。这些爱尔兰人的奋斗不仅实现了自身的价值，也极大地带动了爱尔兰经济的繁荣。

作为传统英式教育的发源地，爱尔兰传承了英式教育的精华。政府对教育的发展也相当重视，每年在教育板块的财政支出高达财政总支出的15%。爱尔兰政府一直强调教育是立国之本，只有加大对教育的投资力度，才能培养更多与时俱进的人才。

过去，爱尔兰是一个以农牧业为主的国家。近几十年来，国家大力发展高新技术行业、注重人才培养和引进，成功实现了经济转型，爱尔兰由此在全球创新浪潮中居于前列。这说明，科技始终是第一生产力。科技的发展离不开技术的创新和教育的创新，因此我们要加大教育的创新力度。与此同时，我们要大力培养高质量的教师。学生的成长离不开老师的培育，只有提高了教师的质量，才能提高学生的质量，从而培育出推动社会发展的人才。

九、爱尔兰知名基础教育学校简介

(一) 劳雷尔山女子中学(Laurel Hill Colaiste FCJ)

劳雷尔山女子中学的前身是劳雷尔山女子修道院,它是一所各门科目都以爱尔兰语为教学媒介的女子中学。该校坐落于爱尔兰利默里克的南环路,学校总体规模相对较小,共有学生约400人。但是,麻雀虽小,五脏俱全。该校环境清幽,学习氛围极浓。经过多年的建设和发展,该校现在已经拥有完善的教学设施和完善的教师体系。

劳雷尔山女子中学以学生通常在毕业考试中取得优异成绩而著称。2014年,该校在《星期日泰晤士报》的《爱尔兰指南》中蝉联为爱尔兰400所中学中的最佳学校。该校学业实力很强,历年的毕业生在统考中均取得佳绩。2016年,该校连续三年获得全国最佳公立学校称号。除此之外,由于修道院的传统,该校的唱诗班屡次在比赛中获奖,其他体育团队(如曲棍球队和桥牌队)实力也很强。

(二) 冈萨加中学(Gonzaga College)

冈萨加中学是一所独立的天主教男子中学,位于爱尔兰首都都柏林的拉内拉。冈萨加中学成立于1950年,隶属于耶稣会,并由耶稣会监管学校的日常教学活动。该校也是爱尔兰五所耶稣会学校之一。该校的课程设置极为传统,包括拉丁语和希腊语的初级课程。除此之外,学生必须修满其他八门高级课程才能获得毕业证书。

冈萨加中学以早期的耶稣会圣徒圣阿洛伊修斯·冈萨加之名命名,它的校徽取自冈萨加家族的纹章。学校崇尚自由主义、知识分子气质和耶稣会精神,但对生源的要求几近严苛,在那儿就读的学生必须是住在利菲河以南的天主教徒。

学校的建筑颇具特色,完美地实现了新与旧的融合,其将现代的铜屋顶建筑与带有复古气息的旧房舍合二为一,交相辉映。该校的基础教学设施完善,有图书馆、小教堂、钟楼、剧院、牧师住宅、科学大楼和84间独立教室。除了宏伟的教学设施,学校还配备有适合打板球的褶皱草坪、橄榄球场和网球场。

冈萨加学院同样以卓越的学术成就而闻名。2005年,68%的冈萨加毕业生被都柏林大学录取,21%的毕业生进入都柏林圣三一大学学习。目前,该校在爱尔兰的中学的升学率排名中位居第五。

冈萨加学院的课程设置强调视觉艺术、戏剧和音乐,它也鼓励学生学习拉丁语和希腊语等古典课程。该校的国际象棋队首屈一指,多次获得国家和国际奖项。与象棋队相媲美的还有该校的橄榄球队和高尔夫球队。

(三) 亚历山德拉学院(Alexandra College)

亚历山德拉学院是一所独立的全日制寄宿女校,位于爱尔兰首都都柏林的米尔敦。该校主要招收4岁至18岁的适龄儿童入学,囊括了小学、初中和高中的教育。目前,亚历山德拉学院在爱尔兰的中学中排名第七。亚历山德拉学院是爱尔兰顶尖的女子学校,它的知名校友包括原爱尔兰首席大法官苏珊·德纳姆等政界名人。

亚历山德拉学院成立于1866年,由当时的贵格会教育家安妮·杰利科以促进妇女教育的名义创建,以学校的赞助人丹麦公主亚历山德拉的名字命名。为了纪念亚历山德拉,学校校徽采用了丹麦国旗上的红白二色。在安妮的领导下,该校从一个致力于为爱尔兰新教妇女提供家庭教师式教育的小机构成长为全爱尔兰妇女权利和教育的先锋标志，为妇女提供与男子相同的教育。

亚历山德拉学院最初位于历史悠久的厄尔斯堡露台，与现在的国家音乐厅仅一墙之隔。亚历山德拉学院由爱尔兰教会管理，都柏林大主教担任学校理事会主席，宗教色彩很浓厚。学生们每周都要聆听一位女牧师的致辞，每天要参加一次学校集会，并在会上唱爱尔兰教会的圣歌。

尽管宗教色彩浓厚，但该校的课程设置却没有那么宗教化，其课程以数学、历史、经典和哲学为基础。作为一个兼有初中部和高中部的学校，该校的校服也很有特色：预科班学生穿红色运动服；高年级班学生穿运动服；普通班学生穿棕色中学生制服，系红色领带。大多数初中生直接升入该校的高中部学习。

该校大力发展体育，最受欢迎的是曲棍球。冬季时，学生必须参加曲棍球、足球、篮球等运动中的一项，夏季则换成板球、网球等运动。

开展慈善活动一直是亚历山德拉学院的一大特色。2006年，该校在爱尔兰-尼泊尔教育信托基金会的支持下，在尼泊尔距离珠穆朗玛峰以南 50 公里的偏远村庄普列利建立了一所新小学。此外，学生每年会在校内举办"慈善娱乐日"。

（四）都柏林中学(The High School Dublin)

都柏林中学是位于都柏林市南部的男女混合制私立中学，学校位于都柏林机场附近，容纳近 800 名拥有不同宗教信仰的学生。该校是家庭寄宿制和走读混合制学校，主要招收 12 岁至 18 岁的学生，是一所兼有初中部和高中部的重点中学。

该校基础设施比较完善，教学设施有特殊化教室、图书馆、资料室、信息技术教室等,休闲娱乐设施有橄榄球场、曲棍球场、板球场、篮球场、全天候泛光灯照明多功能场地、游泳池和体育馆。都柏林中学整体环境幽静雅致,安保设施完善。

都柏林中学自建校之日起就倡导"全人"(Whole Person)式的教育,学校的核心理念是诚实、高尚、爱心和尊重,教育目的是培养具有责任感与包容心的爱尔兰公民。

都柏林中学为学生提供了全面而均衡的课程和内容广泛的课外活动。该校采用爱尔兰教育部课程大纲,设置的初中阶段科目为艺术、公民学、古典研究、贸易、英语、爱尔兰语、数学、音乐、科学、历史、地理、家政学等;高中阶段科目为会计学、企业管理、经济学、物理、化学、生物和计算机研究;开设的语言课为法语、西班牙语和德语。

2012年,都柏林中学被《爱尔兰时报》评为都柏林南部最佳学校,并且在2012年至2016年间,该校的本科录取率为100%,且大多数学生被圣三一大学(Trinity College)录取。在每一年的毕业生中,常有约半数的学生被圣三一大学和国立都柏林大学(UCD)录取。学术上的优越和均衡的课程与课外活动使得学生们每日都不辞辛劳地从都柏林北部甚至更远的地方往返学校。考虑到有些学生住得过远,学校还人性化地开通了往返班车,以方便学生的日常出行。

(五)萨顿帕克中学(Sutton Park School)

萨顿帕克中学是位于爱尔兰都柏林郡(County Dublin)的私立男女混合制中学。该校成立于1957年,学生以走读为主。萨顿帕克中学现有学生450人,其中国际学生占20%。萨顿帕克中学以多样化的课程设置和浓厚的学习氛围著称,升学率几乎为100%。

萨顿帕克中学的师生比率1∶9,其拥有高质量的教师团体,是爱尔兰最好的中学之一。该校的教育理念是让学生在轻松的学习氛围里提高自身的竞争力。目前,萨顿帕克中学以培养和发展学生的个人能力为目标,其相信好的学习氛围必会造就优秀的学生。萨顿帕克中学注重学生的学术发展,其把日常工作的重点放在了高标准的学术课程的教授上。萨顿帕克中学坚持良好的教育,这对学生的自尊、自律、乐于助人等品质之培养至关重要。

该校的基础设施比较完善。萨顿帕克中学有40多个教室,有一个藏书超14000册的大型图书资源中心和学习区,还有全新的美术教室和艺术中心;体育设施包括标准尺寸的全天开放的曲棍球场、一个适宜田径和冬季运动的多功能运动场、篮球和羽毛球场以及一个大型体育馆。在这里,学生既可以全身心地投入学习,也可以尽情地参与各类体育运动。

萨顿帕克中学开设的初级必修课程有英语、数学、自然科学、历史、地理、艺术、社会和政治研究、国内经济法、技术制图、体育、音乐、计算机等,选修的语言类课程有爱尔兰语、法语、德语、西班牙语和意大利语,过渡年则提供75%的传统学习科目和25%的社会实用课程,其中的社会实用课程包括信息技术、摄影、健康学、烹饪手工技术和其他生活技巧。为期一周的户外娱乐和探险活动是过渡年不可或缺的课程。

高中阶段的课程和初中阶段有所不同,主要包括高级数学、中级数学、应用数学、物理、化学、艺术、体育、历史、生物、地理、英语和文学、爱尔兰语、法语、德语、意大利语、西班牙语、国内经济、商业研究、技术绘画、音乐和经济。

学生的课外生活也很丰富。学生可以参加表演类节目,例如戏剧表演、合唱表演、管弦乐队表演、笛子、小提琴和铜器表演、古典六弦琴、视觉艺术等,也可以观看芭蕾舞、音乐会、艺术展览等;学生还可以体验体育运动,包括曲棍球、羽毛球、体操、游泳、田径运动、网球、橄榄球、篮球、足球、乒乓球和高尔夫球。

第四章 爱尔兰职业教育和成人教育

一、职业教育的规划、协调、管理和标准等政策措施

爱尔兰的职业教育和成人教育是指中等教育结束后的教育和培训。全国有许多职业教育和成人教育与培训的提供者,具体表现为各式各样的学校、组织和机构,它们为青年离校生和成人提供继续教育以及技能培训,以满足职业发展的需要和促进人们的长远发展。

(一) 职业教育的分类

自20世纪60年代的教育改革以来,爱尔兰的职业教育从无到有地发展起来。目前,爱尔兰的职业教育体系比较完备,由全日制职业教育、成人教育和继续教育、职业培训和学徒制以及欧盟的职业教育构成[①]。

(1) 全日制职业教育

学生完成中学的学习后,即可自愿选择进入全日制职业院校学习。学生若是在大学入学考试中落榜,那么他们也可以选

---

① 王丹、吴迪、盛子强:《爱尔兰现代职业教育体系发展历程及对我国的启示》,南昌:江西师范大学出版社,2015年,第88—92页。

择进入此类职业院校以学得一技之长,为以后的工作做准备。学生修完职业院校的课程后即可毕业,毕业后可获得职业性毕业证书(Leaving Certificate Vocational Programme)或应用性毕业证书(Leaving Certificate Applied Programme)。这两类证书的发放依据学生在校所选的专业和所修的课程而定。

(2) 成人教育和继续教育

爱尔兰的成人教育和继续教育起步晚,自上世纪末才渐渐发展起来,整体规模较广,但是内部并无结构性。这类教育的本质是促进爱尔兰人民养成终身学习的理念,不断提高自身的技能。

(3) 职业培训和学徒制

爱尔兰职业教育委员会(Vocational Education Committee)负责全国不同阶段的职业教育,并且建立了学徒制委员会。最初,爱尔兰的学徒制培训包括在职培训和离职培训。这类培训课程由高等职业教育机构负责,成功完成所有课程的学徒即可拿到国家技工证书。后来,该培训课程逐渐完善为以能力本位为核心的课程,政府也逐渐建立了国家培训机构和认证机构。

(4) 欧盟的职业教育

自成立以来,欧盟制定了《学习型社会白皮书》以强调职业培训的重要性,提出并实施了很多短期项目来提高整个欧洲职场人员的素质,如"列奥纳多·达·芬奇"职业培训项目、"苏格拉底"项目、"欧盟"就业计划和"适应"计划。这些计划贯彻了"学习引导经济的理念",提高了欧洲人的职业素养,也有利于终身学习型社会的建立。

(二) 职业教育的规划、协调和管理机构及其职能的变迁

(1) 职业教育委员会(Vocational Education Committee)

爱尔兰的继续教育系统分类明确，其也有一系列的分支机构和支持性法律。

职业教育委员会（Vocational Education Committee）是爱尔兰共和国法定的地方性教育机构，它负责管理某些地区性的中等教育活动、大多数的成人教育活动和极少数的初等教育活动。1992年之前，职业教育委员会的权力显赫，它甚至掌管都柏林理工学院和某些地区性技术学院的继续教育。

职业教育委员会最初依据1930年颁布的《职业教育法》创建，它是1899年颁布的《农业和技术指导（爱尔兰）法》设立的技术指导委员会的后继者。该委员会最初旨在管理14岁至16岁的儿童的继续教育和技术教育。继续教育被定义为"为行业就业做准备的一般培训和实际培训"，而技术教育被描述为"与行业、制造商、商业和其他工业活动有关的教育"。为此，职业教育委员会肩负着维持和监督职业学校运营的职责。

随着时间的推移，职业教育委员会的职能有所扩增，特别是在成人教育领域。职业教育委员会监管的教育类型包括初等（中等）后教育、职业学校、社区学院、职业教育和成人教育、离职后证书课程、青年服务、职业训练机遇计划、社区教育、成人识字与基础教育、重返教育计划、成人难民计划等。

2008年9月，都柏林维克县在都柏林波特斯敦15号开设了第一所社区国家学校，这标志着职业教育委员会第一次参与了小学教育的建设。2012年之前，该机构还管理着高等教育的奖助学金的申请和发放。

职业教育委员会最初建立在爱尔兰自由州的每个行政县和县行政区。此外，根据1899年制定的《农业和技术指导（爱尔兰）法》（适用范围包括布雷、德洛赫达、斯莱戈、特拉利、韦克斯福德等郡),新创建的拉奥盖尔行政区也成立了一个职业教育委员会,该行政区和市区都设有单独的技术指导委员会。

职业委员会的人员构成极为多样化。大体上看,每个职业教育委员会的成员由县、自治区或市区议会选举产生。有的委员会由议员组成,而有的委员会由"对教育有兴趣和经验"的人组成,其成员也可由"对制造或贸易有兴趣"的机构推荐。

2001年的《职业教育(修订)法》之颁布不仅改变了该委员会的成员结构,也进一步扩大了职业委员会的职权范围。至此,能够参加选举的人的范围更广泛。该法规定,18岁以下的学生的家长和工作人员也有权参选委员会成员。该法还规定委员会有权任命代表学生的组织、志愿组织、社区组织、爱尔兰语言兴趣组织和商业利益组织的成员。

(2) 教育和培训委员会(Education and Training Boards)

自《教育和培训委员会法》于2013年颁布后,全国16个教育和培训委员会(Education and Training Boards)于2013年7月1日成立。该委员会根据不同区域的需要提供相应的继续教育和培训类课程。

与此同时,爱尔兰质量和资质部(Quality and Qualifications Ireland)推行政策以保证高等教育和培训机构的进一步发展,它一方面推行了教育计划,另一方面为学习者提供资金援助。

目前,教育和培训委员会提供的学习项目和课程包括全日制进修计划、离校后证书(Post Leaving Certificate)课程、职业训练机遇计划(Vocational Training Opportunities Scheme)、青年职业导向计划(Youth Reach)、非全日制继续教育课程、重返教育计划(Back to Education Initiative)、成人识字和社区教育。

除了教育和培训委员会提供的项目和课程外,爱尔兰教育与技能部于1989年正式推出《毕业证书职业计划》。该计划是一个为期两年的可选择性教育计划。根据爱尔兰教育与技能部的规定,该计划旨在为离职证书制度在职业层面上提供强有力的支持。该课程将学术学习的优点与对自主学习、企业、工作和社区的新动态的关注相结合,为那些已取得初中毕业证书并进入高中教育高级阶段的年轻人服务。与更为成熟的学业教育相比,该计划提供了更强大的职业教育指导,从而让学生有机会发展他们的人际、职业和技术技能,并为他们提供进入大学的额外加分项。

要想取得相关专业的证书,参加课程的学生必须通过四门毕业证书科目的考试,其中两门必须是爱尔兰语(仅限爱尔兰学生)和一个相关的课程模块(可选)。通常情况下,学生会选择七门主修课程和一个相关模块课程。

这些课程一经推出,就因其实用性和多样性而饱受社会推崇。越来越多的人出于学习或职业课程的需要,有选择性地去学习相应的课程。据《爱尔兰考官新闻》报道,约数万名学生参加了《毕业证书职业计划》的考试。

二、职业教育的规模、资金投入和来源、效果

爱尔兰的继续教育由职业技术教育和后义务教育培训组成。继续教育的办学资金由多个机构提供,其中包括特设机构和法定机构。职业教育的典型领域包括学徒、儿童保育、农业、零售和旅游业,这些领域大多是不依赖跨国企业投资和认可的典型经济领域。国家为选择继续教育的学生设置了不同类型的

奖学金,学生毕业后可获得相应的职业技术证书。

早前,爱尔兰政府曾出于需要建立过一个名为继续教育培训委员会的机构。该机构有权授予继续教育及训练奖,获得该奖的学生即可获得进入大学系统学习的额外机会。近年来,在社会各界的齐心协作下,爱尔兰的继续教育获得了极大的发展。各种加分奖项的类型和范围已正式确定,加分的目的是加强人们的学习信心。目前,爱尔兰有两个独立的鼓励升学计划,旨在使获得继续教育培训奖励委员会(Further Education Training Awards Council)奖项的人能够升入大学或理工学院学习,该奖项具有可获得高等教育学习机会的加分性质。继续教育培训委员会已于2012年11月6日正式解散,其职能已移交给爱尔兰质量与资质部。

近年来,爱尔兰职业教育的规模呈扩大趋势,其所提供的课程涵盖各行各业,其经费主要依赖于国家财政的支持。中等职业教育的经费"主要来自国家财政,其他资金来源包括学费、筹款、信托资金、租金、收入、学生父母捐助等"[1]。继续教育的资金主要来自教育与技能部的拨款、企业和个人捐赠以及国内外机构的捐助。

职业教育的资金来源渠道多、路子广,而且政府的投资力度大,这些因素都促进了爱尔兰职业教育的发展以及劳动者素质的提高,从而进一步推动了爱尔兰经济的发展。

---

[1] 李广华、王铁成:《爱尔兰职业教育经费特征研究与启示》,晋城:晋城职业技术学院出版社,2017年,第29—33页。

三、职业教育面临的问题和改革措施[①]

近年来,科技的发展带来了国际社会各界的技术革新。随着全球化的进一步发展,全球经济不断融合,不同的就业模式氤氲而生。作为一个传统的岛国,爱尔兰的经济发展面临着巨大的压力。技术的革新、传统管理模式的日新月异和难以迅速改变的职业培训体系三者之间的矛盾日益增多。

为此,爱尔兰政府不断调整相应的职业教育管理机构之职能,革新社会培训机构的课程内容,以促使职业院校"不断调整自身专业结构和更新知识体系与教学方法,并将其作为提高教育质量的重要参考依据",从而使"职业教育的调整、发展都源于职业院校在社会服务过程中与社会之间的信息沟通、能量转换和资源共享"。

这些措施有利于职业院校课程的推陈出新,并使其能适应社会生产力的发展需要。与此同时,职业院校的社会服务功能也进一步增强,范围也进一步扩大。由此可见,无论是在教育服务方面,还是在社会服务方面,爱尔兰职业教育的未来都值得期待。

四、职业教育的经验教训

纵观爱尔兰职业教育的蓬勃发展并归结其原因,政府的政策设计和资金支持起了极大作用,这也给我国的职业教育提供

[①] 延凤宇:《爱尔兰职业教育与培训制度改革及政策发展研究》,南昌:江西师范大学出版社,2019 年,第 165—170 页。

了很多的经验教训：(1)可以进一步加大国家财政对职业教育的投入力度，让职业教育的发展更有底气。(2)改革是职业教育发展的动力。社会生产力是不断发展的，职业教育只有不断改革并与社会经济和科技的发展相吻合，才能够不被淘汰，从而长久地发展下去。(3)拓宽继续教育的发展渠道和资助渠道，并给予适当的奖励。这些措施有利于鼓舞人心，也为继续从事继续教育提供了物质基础，使人们能够潜心学习。(4)完善继续教育的机构设置体系和课程设置体系，为不同程度和需求的学习者提供符合他们实际需要且行之有效的课程，并完善相应的证书设置体系。

五、职业教育中的继续教育[①]

爱尔兰职业教育的具体内容具有多样性，其中包括：

（一）青年职业导向计划（Youth Reach）

青年职业导向计划（Youth Reach）是专门针对中学辍学者（15岁至20岁）的继续教育计划，旨在为这类学生提供为期两年的综合就业能力培训，以增加青年人的工作经验和社会阅历。这一计划有助于提高青年们的文化素养和职业素养。

（二）职业技能教育与培训

职业教育培训是为未进入高等教育院校学习的中等教育毕业生（17岁至24岁）提供的为期一年到三年的职业技能教育与培训。该项目的课程主要包括成人职业资格证书的课程培训和

---

① 张文杰：《爱尔兰成人职业教育与培训管窥》，北京：中华全国商业信息中心，2009年，第270—271页。

工作中的实操技能培训,旨在使完成中等教育的学生掌握一定的工作技能。

(三) 职业技能教育

职业技能教育是为不分教育程度的学生提供的以学徒制为基础的为期四年的提升职业技能型课程。该课程集抽象理论与可操作的实践经验于一体。参加课程的学生在第一年进行相对应领域的全日制脱产式的理论学习,并在接下来的三年中去现实场地进行实地操作和学习,学生在此期间也有间歇性的短期理论学习。毕业时,学生可参加高级职业证书考试,一经通过,即可获得全国技师证书。学徒制的操作比较灵活,课程选择也比较广泛。学生可同时学习两个或三个领域的专业知识,以便日后在职场占据一席之地。

六、 有影响力的职业教育机构

(一) 巴利弗莫继续教育学院 (Ballyfermot College of Further Education)

巴利弗莫继续教育学院是爱尔兰首都都柏林的一所教育机构,其主要为学生提供继续教育和职业教育。该学院的前身是巴利弗莫高级学院。

巴利弗莫继续教育学院由都柏林市教育和培训委员会管理。当地的管理委员会代表社区和特殊利益集团、工业、服务和商业以及学生和员工的利益。都柏林教育和培训委员会也是都柏林市职业技术教育的法定机构,它管理 21 所学校和学院的继续教育,累计已为 11000 名学生提供了服务。截至 2018 年,巴利弗莫继续教育学院的现任校长是莫林·康威,副校长是约翰·莫里亚蒂和杰奎琳·莫洛尼。1979年,这所学院作为高级学院开始办学。从成立之初,巴利弗莫继续教育学院就致力于与一系列教育和工业伙伴合作,开发并提供了广泛的高等教育课程并取得了成功。目前,该学院只招收17岁以上的想要接受继续教育的学生。该学院共开设9个系,提供39门深造性的高等教育课程。与此同时,巴利弗莫继续教育学院还为离岗和取得中专证书的学生提供秘书课程,也为中专学生提供就业前的培训课程。

20世纪80年代,巴利弗莫继续教育学院引进了一系列离校证书课程,包括与都柏林理工学院博尔顿街有联系的初步课程,以及与证书有联系的酒店餐饮和旅游课程、商业课程、社会护理课程等。大部分最初开设的课程至今仍在开设,但课程内容也随着时代的发展进行了相应的调整。到20世纪90年代,该学院放弃了与高校合作的毕业证书课程,而是回到当地学校继续开设毕业证书课程。2000年,该学院正式更名为巴利弗莫继续教育学院。

巴利弗莫继续教育学院开设的课程类别有艺术、设计和图形、移动图像、商业、工程、终身学习、媒体、音乐、表演、管理和声音、社会关怀、电视和电影、旅游和接待等。该学院拥有两个学位,一个是媒体制作管理学位(经都柏林城市大学认证),另一个是动画设计学位(经邓迪大学认证)。除此之外,该学院还有多个商业与技术教育委员会(Business and Technology Education Council)授予的国家高级文凭和爱尔兰教育委员会的授予的5级课程等级证书。

(二)贝莱德继续教育学院(Blackrock Further Education Institute)

贝莱德继续教育学院是于1982年在爱尔兰首都都柏林成

立的一所继续教育学院,其距都柏林市中心 7 公里。2015 年,该学院迁至贝莱德,并在一个重新开发的市政厅、技术学院和卡内基图书馆内运营。该学院的现任校长是哈纳米,目前就读的学生数约 1000 人。

贝莱德继续教育学院设置的主要是商科类和艺术类课程。该学院不仅提供相应的高等学历证书(商业与技术教育委员会授予的国家高级文凭),还提供美容治疗、创意多媒体、营销、拍卖和房地产代理实践、AC 等领域的技术和职业教育与培训。

自 1982 年成立以来,该学院迅速发展,课程设置逐渐完善,很快就能为全日制和非全日制学生提供会计、市场营销、商业、美容师、创意多媒体和室内设计课程。目前,贝莱德继续教育学院也是爱尔兰国内继续教育领域最大的教育机构之一,其可提供全日制课程、上午课程和夜间课程。

在资金援助方面,贝莱德继续教育学院可谓是尽心尽力。为了保障学生全身心地投入学习,该学院为学生提供了助学金,并积极为学生争取更高级的商业与技术教育委员会颁发的国家高级文凭。

(三)英奇科尔继续教育学院(Inchicore College of Further Education)

英奇科尔继续教育学院隶属于爱尔兰首都都柏林市的教育和培训委员会,其坐落于爱尔兰首都都柏林英奇科尔市中心。该学院于 1957 年成立,原名为"英奇科尔职业学校"。

英奇科尔继续教育学院开设的课程种类繁多,包含休闲和娱乐管理、休闲和残疾研究、体育教练、旅游和旅游管理、计算机应用和商业技能、商业研究、儿童保育和教育、护理前研究、儿童保育研究、护理实践、社会学、重返教育、旅游和旅游管理课程、服装设计和化妆、舞台管理、音响和灯光、布景设计和建筑、艺术和设计、创意写作和文化研究等。

悠久的历史使英奇科尔继续教育学院开设的课程在同等院校中非常具有竞争力。与其他学校多分支和多领域的课程不同,英奇科尔继续教育学院只从事继续教育,且与欧盟大多数成员国的合作伙伴开展了广泛的欧洲联系项目,学习成绩优异且表现突出的学生还有机会参加由欧洲委员会"莱昂纳多·达·芬奇"计划资助的工作项目。正因如此,该学院在爱尔兰十分受欢迎,每年都吸引数以万计的学生来此深造学习。

第五章 爱尔兰高等教育

一、爱尔兰高等教育概况

爱尔兰的教育系统极为完善,其教育过程分为三个主要阶段:第一阶段是为期六年的初等教育,第二阶段是为期六年的中等教育,第三阶段是年限不定的高等教育。爱尔兰的高等教育又可细分为本科教育、研究生教育、博士教育以及职业技术培训教育。

在爱尔兰,学生接受高等教育的年龄一般在 18 岁,学生读完本科需要三年至四年(医科为五年),硕士为一年至两年,博士则为三年至五年。

爱尔兰的高等教育院校分为大学、职业技术学院、教育学院等。受传统英式教育的影响,学生通常学习三年便可取得本科学历,个别专业(如计算机专业)需四年的时间。在取得学士学位的基础上,学生攻读硕士学位还需一年的时间,攻读博士学位则至少要再学习三年。

爱尔兰是地地道道的英语国家,它具有完备的教育设施和先进的高等教育理念,其高等教育水平堪称世界一流。

(一)爱尔兰高等学校的基本分类

爱尔兰高等学校主要由大学、理工学院、私立高等院校和其他院校组成：

(1) 大学。爱尔兰共有 7 所国立大学。成立于 1592 年的都柏林圣三一大学是爱尔兰最古老、最负盛名的大学之一。都柏林大学和科克大学在国内外享有盛誉。爱尔兰的国立大学是国家的科学研究中心，它们在生命科学、信息技术、经济管理、法律、语言文学等领域有绝对的实力并取得了杰出的成就。爱尔兰的国立大学每年都为社会输送各类复合型人才。相比于其他类型的高等院校，爱尔兰的综合性大学专业较为全面，学生人数众多，招生要求较高，并且学费也比较高昂。

(2) 理工学院。爱尔兰共有 14 所理工学院，其中的都柏林理工学院的历史最为悠久，规模最大，教学水平也最高。除都柏林理工学院外，其他学院集中建于上世纪 70 年代，它们都是地区性技术学院。1998 年，经爱尔兰教育与技能部批准，地区性技术学院更名为理工学院。爱尔兰的理工学院重点为社会培养应用型人才。

(3) 私立高等院校和其他高等院校。上世纪末，爱尔兰经济飞速发展，私立高等院校也应社会的需求逐渐发展起来。目前，爱尔兰较有影响的私立高等院校有 10 余所，比较有名的有都柏林美国学院(American College Dublin)、都柏林商业学院(Dublin Business School)、格里菲斯学院(Griffith College Dublin)、波托贝勒学院(Portobello College Dublin)、皇家外科医学院(Royal College of Surgeons in Ireland)等。这些私立院校近年来吸引了众多爱尔兰本土的学生和海外留学生。

(4) 其他高等院校。这类院校包括爱尔兰国家警察学院、军事学院、公共管理学院、教育学院、神学院等。这些院校的定位比较明确，旨在为社会培养特殊型人才。

(二)爱尔兰高等教育阶段学历学位授予的类型以及授予管理体系

(1)爱尔兰高等教育阶段学历学位授予的类型

自2004年起,爱尔兰实行全新的学历学位体系,整个体系按级别划分为如下三类文凭:1级至5级为基础教育文凭,6级为继续教育阶段文凭,6级以上为高等教育阶段文凭。

在高等教育的学历学位体系中,6级为高等教育证书,7级为普通学士学位(相当于我国的专科),8级为荣誉学士学位或高等教育文凭(相当于我国的学士学位),9级为研究生证书或硕士学位,10级为博士学位。

(2)爱尔兰高等教育阶段学历学位授予管理体系

根据爱尔兰现行的《大学法》,爱尔兰的大学均享有高度自治权,它们有权开设各类课程,也有权授予各校的各级各类学历学位。成立于1908年的爱尔兰国立大学由科克大学(UCC)、都柏林大学(UCD)、高威大学(NUI GALWAY)和梅努斯大学(NUI MAYNOOTH)四所大学组成。目前,这四校已独立办学,但由于历史的原因,这四所大学仍以爱尔兰国立大学(NUI)的名义颁发学历学位证书。

值得一提的是,爱尔兰国立大学(NUI)分别于1977年、1978年、1998年、2000年和2001年认可爱尔兰皇家医学院(Royal College of Surgeons)、国家艺术与设计学院(National College of Art and Design)、圣安杰拉教育学院、香侬酒店管理学院(Shannon College of Hotel Management)以及公共管理学院(The Institute of Public Administration)等5所学院的办学质量和水平,并批准这5所学院可以颁发爱尔兰国立大学的学历学位证书。

根据爱尔兰有关法律,都柏林理工学院(DIT)享有与大学基本相同的权利,它有权开设课程并授予本校的各级各类学历学位。除大学及都柏林理工学院外,其他所有高等院校要想开设课程并颁发国家承认的高等教育文凭,都必须得到爱尔兰高等教育有关部门的授权。高等教育及培训授予委员会(The Higher Education and Training Awards Council)负责除大学和都柏林理工学院外的高等院校的学历学位授予工作。继续教育与培训授予委员会(The Further Education and Training Awards Council)审核并授权各级各类学校开设继续教育课程和颁发有关文凭。

二、爱尔兰高等教育的学科门类和专业目录(分级、分类)

爱尔兰高等教育专业门类很多,主要包括:
(1)计算机与信息工程专业:数学科学、金融数学、信息技术、软件工程、通信技术、电子系统、音乐技术、微电子专业等;
(2)文学与艺术专业:英语、新闻学、互动媒体、音乐制作、音乐与舞蹈、新媒体与英语、舞蹈表演、音乐创作、室内设计、广告设计等;
(3)生化专业:生物化学、生物药学、生物制药、微生物学、生物分子与制药医学、环境科学等;
(4)商业与管理专业:会计、企业关系管理、商业管理、人力资源管理、企业家管理学、国际旅游、国际商务、市场营销、零售及服务管理等;
(5)金融专业:金融学、金融服务、财务会计与金融、经济与金融、投资及风险管理等;

（6）高新技术专业：纳米技术、微电子、再生资源利用（如利用风能、太阳能、水能等发电或者将它们转化为其他有效能源）等；

（7）食品科学与技术：食品商业、食品化学、食品微生物学、营养学、食品技术、食品工程、乳制品研究、国际开发与食品政策等；

（8）工程与技术专业：建筑服务工程、机械工程、环境工程、制造工程、结构工程、计算机工程、电子工程、运输技术、制造工程、自动控制工程、电子和电气工程及通信工程等；

（9）医药与健康专业：生物制药、药剂学、职业治疗、医药学、公共健康与保健、神经药理学、临床科学、音乐疗法等；

（10）旅游休闲专业：国际酒店管理、大型会议管理、西方餐饮管理、娱乐业管理等。

三、爱尔兰高等教育机构发展情况

爱尔兰高等教育起步晚，但是发展劲头足。最初，爱尔兰只有几所大学，之后逐渐发展为拥有7所大学、14所理工学院和其他一系列独立的商务和职业培训科学院的教育强国，培养了大批高科技人才，被誉为"欧洲硅谷"。爱尔兰高等教育的规模日益庞大，实力也越来越强。

目前，爱尔兰的高等教育主要实行国立大学和理工学院双轨并行的制度。大学为社会输送研究型人才，理工学院则为社会输送技术型人才。大学和理工学院相互区别又相互补充，两者有明确的定位和分工，形成了相得益彰的教育格局，有利于爱尔兰的长期发展。

爱尔兰的大学提供范围覆盖学士到博士的学术性正规学位教育。教育学院培养从事基础教育工作的教师；理工学院的职能定位则是直接面向经济生活，培养产业和经济发展急需的技术应用型人才，这些人才囊括了从普通技工到高级专业人士的各层次技术从业者。同时，理工学院还兼顾与国民经济相关的应用科学研究，为新兴产业和企业的发展提供技术层面的支持。

爱尔兰的高等教育体系涵盖了几乎所有的常用专业，其教育水准堪称世界一流，例如爱尔兰的工程及医学类院校多年来一直享誉全球，它的电子通讯、计算机等专业也位居世界前列。随着全球化浪潮的来袭，爱尔兰的高等教育院校顺应这种趋势，制定了多个计划和政策以方便更多的外国学生有机会去爱尔兰学习和深造，并且让他们可以享受英式的、严谨的高质量教育。

近年来，爱尔兰高等教育的发展出现的新趋势是私立高等院校的兴起。这些私立院校的建立满足了爱尔兰本土和海外学生不同层次的学习需求。私立院校是爱尔兰教育产业中最有活力、发展最快的一个部门。这些私立院校提供商业、金融、法律和其他热门金融类专业的学历和学位，这些学历和学位证书都由爱尔兰国内或者英国的大学授予，得到国际社会的普遍认可。

四、爱尔兰高等教育面临的问题和改革举措

目前，在全球经济市场持续低迷的状况下，爱尔兰的经济发展也出现动力不足的疲态。近年来，爱尔兰大学的国际排名呈下滑趋势，高等教育的发展也停滞不前。

爱尔兰昔日被誉为"欧洲硅谷"，其创新成绩得益于大学技术从理论到实践的转移。大学在爱尔兰技术转移系统中处于核

心地位。长期以来,爱尔兰的大学形成了有效的运行机制。爱尔兰教育与技能部通过建立国家中心技术转移办公室、颁布国家知识产权协议、实施覆盖技术转移全过程的财政资助等措施,从不同方面保障和促进大学技术转移体系的发展。

因此,创新是高校发展的动力。自2018年以来,爱尔兰政府大力投入教育资金以促进技术型和创新型大学的建设,此举旨在扩大内需和为国家的发展培育创新型人才。与此同时,爱尔兰政府也积极推进大学的国际化建设,其与多个国家和地区签订了合作协议,此举除了满足国外学生的需求外,也促进了本国教育的发展。这种内外联动的发展方式使爱尔兰的教育迸发出了前所未有的活力,大量的资金投入也反过来促进了爱尔兰本土经济的发展。

五、爱尔兰高等教育著名学府

(一) 圣三一大学(Trinity College Dublin)

圣三一大学(Trinity College Dublin)是爱尔兰历史最为悠久的大学,其与英国的牛津大学和剑桥大学并称为"欧洲三剑客"。圣三一大学在文科、理科、医学等领域的学术及教学水平均堪称世界一流,其教育质量在全球饱受推崇。圣三一大学拥有强大的师资队伍,也培养了大批的人才。在该校任教的老师有世界知名学者,有诺贝尔奖得主,也有文学名流。在科研、创新及探索方面,圣三一大学的综合实力居于领先地位。爱尔兰首位总统道格拉斯·海德、上任总统玛丽·罗宾逊等都毕业于圣三一大学,并曾在该校任教。

圣三一大学的全称是"都柏林伊丽莎白女王圣三一大学"。

英国女王伊丽莎白一世于1592年在仿照剑桥大学和牛津大学的基础上创立该校,并以基督教教义中的"三位一体"为其命名。该校座右铭的拉丁语为 Perpetuis Futuris Temporaibus Duraturam,意为"持续到无穷无尽的未来时代"。至2017年,该校共有本科生11718人,研究生4707人。

圣三一大学是位于爱尔兰首都都柏林的唯一一所研究型大学。依据学校的宪章之规定,圣三一大学的行政机构由"教务长、研究员、基金会学者和其他董事会成员"组成。圣三一大学是英国及爱尔兰现存的七所古代大学之一,也是爱尔兰现存的最古老的大学。圣三一大学被誉为爱尔兰最负盛名的大学和欧洲最具实力的大学之一,因为它既有着悠久的历史和社会精英主义的声誉,又与牛津大学和剑桥大学一脉相承。

圣三一大学位于爱尔兰首都都柏林市中心第二区,与历史悠久的爱尔兰议会大厦相对而立。圣三一大学占地19万平方公里,校园内的许多建筑都围绕着大型四合院(称为"广场")和两个操场而建,其附属建筑包括附近的圣三一大学企业中心,该企业中心的建筑面积约为20万平方米。在整个校园中,新旧建筑相互交错。圣三一大学的主要入口是门前的绿地,整个学校被拿骚街和皮尔斯街环绕。整个圣三一大学被大学公园一分为二,公园里设有板球场和橄榄球场。

圣三一大学校园中的标志性建筑是位于西面的钟楼和一些设计精美的建筑,包括教堂、考场(由威廉·钱伯斯爵士设计)、毕业生纪念楼和博物馆大楼。这些建筑都分别屹立于校园内的五个广场上。除此之外,校园内还有道格拉斯·海德画廊、当代艺术画廊和鼎鼎大名的塞缪尔·贝克特剧院。贝克特剧院主要举办国家级演出和国际演出,偶尔也会被用作都柏林国际戏剧节和都柏林舞蹈节的活动场所。对于圣三一大学而言,贝克特剧院更是戏剧专业的学生与工作人员的教学和表演场所。

从整体结构来看,圣三一大学的学院体系可往下划分成三个大的课程类别,其下又可细分成 25 个学院。这些学院为本科学生和研究生提供各式各样的课程。

圣三一大学图书馆是爱尔兰和英国的法定藏书图书馆,该馆藏有 620 多万册印刷品和大量的手稿,其中有著名的《凯尔斯之书》。该图书馆是爱尔兰最大的研究型图书馆。根据英国于 2003 年颁布的《图书馆法》,圣三一大学图书馆是英国的法定图书馆。在爱尔兰的法律体系中,英国的《图书馆法》也同样适用。因此,圣三一大学图书馆在法律上有权获得在英国和爱尔兰出版的每本书的副本,它每年收到的新作品累计超过 10 万件。圣三一大学图书馆总藏书约为 500 万册,包括 3 万本时事连载书、大量的手稿、地图和印刷的音乐集。

圣三一大学图书馆由多幢图书馆建筑组成。旧图书馆是托马斯·伯格的杰作,它是一座巨大的建筑,高耸入云,矗立在圣三一大学和城市上空。说到旧馆,爱尔兰人尊崇的《凯尔斯之书》就不得不被提起。《凯尔斯之书》是馆内迄今为止最珍贵的一本书,它与《德罗之书》《豪斯之书》以及其他古代文献一起被藏于旧图书馆,它们都是研究爱尔兰古代文化的瑰宝级作品。除了这些珍贵的书籍外,圣三一大学图书馆还于 18 世纪收到了布莱恩·博鲁竖琴(Brian Boru Harp),它是现存的三个中世纪盖尔竖琴之一,也是爱尔兰的国家象征,其目前也被收藏在旧馆中。

学校的行政机构设置有教务长、研究员、学者和董事会(始于 1637 年)。董事会负责学校的综合管理和运营。最初,董事会仅由教务长和高级研究员组成,其中有7名资深研究员。除非辞职,否则研究员的身份终生不变。然而,自2000年起,圣三一大学的管理因学院董事会提出的改革方案而正式发生变更。这项方案也得到了学校法人的批准。该方案声明,大学委员会的成员应包括:教务长、副教务长、首席学术官、高级讲师、教务长和财务长,共6人;5名非研究员身份的学术人员,其中至少3人的职称不得高于高级讲师;教授级学术人员2名;非学术人员3名;4名大学生,其中至少1人为研究生。该方案还规定,院士和非院士均通过选举产生,任期固定。4名学生成员分别是学生会主席、教育干事、福利干事和研究生会主席(均为成员),每年选举一届。副教务长、首席学术官、高级讲师、教务长和财务长是由教务长任命的任期一年(可续任)的"年度官员"。需要注意的是,这两个重大变化的结果是高级研究员不再在董事会任职。除了特定的行政机构外,学院还设有由2名观察员组成的监督机构,他们分别为由上议院选举产生的大学校长和由爱尔兰政府从大学上议院提交的2名候选人中任命的司法观察员。目前的司法观察员是1名议会的议员和莫林·哈丁·拉克法官。如果观察员意见不一致,那么学校事宜的决断以议会议员的意见为准,该监督机构是是学院内的最终"上诉法院"。观察员的任命方式确保了他们能够独立于学院管理层。

在圣三一大学,学生修读完本科课程通常需要四年时间。本科不同年级的学生在大学内的称谓也不尽相同。本科一年级的学生被称为"初级新生";本科二年级的学生被称为"高级新生";本科三年级的学生被称为"初级智慧者";本科四年级的学生被称为"高级智慧者"。2017年,经过改革后的董事会批准了为期三年的学习年限,并将本科一年级和本科二年级的头衔合并为"初级和高级新生"。从那以后,学生可以根据自身的学习情况选择合适的毕业年限。

就课程设置而言,本科一年级的学生通常有一套较为灵活的基础课程,随后的各个年级的课程变化较大。除了较大的学业压力外,学生要想修满学分,按规定必须要在国外学习一年。要想取得学位,学生还必须通过国内外两套系统的课程考试。大一新生在修读完每年第二个学期的课程后都要参加初试。学生必须通过初试,才能"升入"更高年级进行学习。此外,学校还"贴心地"为本科生提供了一系列研究生教学和研究类课程,但只有约29%的本科毕业生可以提前享受研究生教育。目前,学校有1440名在读研究生。此前,学校还制定了一个有关人才培养的战略计划,即至2013年,所有学科的博士在读人数翻一番。为了实现这一目标,学校积极争取各类资金,尤其是爱尔兰教育与技能部的财政拨款。除了授予本校的学生学历学位外,圣三一大学还直接或通过相关机构为社会在职人员提供研究生文凭(非学位)资格。

圣三一大学是爱尔兰最具生产力的国际公认的研究中心。圣三一大学校内设有一个创新中心,它既是为社会提供专利咨询和研究信息的都柏林的学术创新基地,也是建立在校园内的负责自身的管理和运营的工业实验室。1999年,圣三一大学在皮尔斯街购买了一个企业中心,其原址距现在的"创新中心"步行仅7分钟。该企业中心原址有超过19000平方米的已建空间,包括一座封闭型的塔式建筑和一个工艺中心。现在的研究中心就是在原址上扩建所得,并且增添了很多新的建筑、设备和机构。

截至2018年,圣三一大学拥有124个学生社团。学生社团在都柏林大学中央社团委员会的支持下运作,该委员会由学院内每个社团的司库组成。各个学生社团的规模差异很大,大多数社团的确切社员数通常很难被精确测定。一般情况下,较大的社团大约拥有数千名成员,而较小的社团可能只有四五十名成员。在这些社团中,最有名的是哲学社和历史社。

圣三一大学有众多的体育俱乐部。规模最大的体育俱乐部拥有超过1000名注册会员。最年轻的俱乐部是足球队,该队于2008年成为爱尔兰-美国足球联盟(IAFL)的一员。最成功的俱乐部是都柏林大学击剑俱乐部,该俱乐部在近64年的比赛中总共赢得了41个校际冠军。现代击剑俱乐部成立于1936年,其源头可以追溯到18世纪,当时有一个"剑之绅士俱乐部"。

圣三一大学有鼓励学生出版刊物的传统。刊物的风格从严肃到讽刺皆有,其内容包罗万象。大多数学生的出版物由校出版物中心管理,这个出版中心以前被称为"都柏林大学出版委员会",它负责维护和管理出版办公室以及出版报纸与杂志所需的所有相关设备。《圣三一新闻》也在学校出版,它是爱尔兰最古老的学生报纸,创刊于1953年。2010年,《圣三一新闻》每两周出版一期,每学年共出版十二期。该报的新闻内容多以学生为中心,报道的内容包括校内新闻、国家新闻、国际新闻、人物专访、科学、体育和大学体育赛事等。

三一舞会是圣三一大学最吸引人眼球的活动,每年约有7000人参加。该舞会在每个学期的最后一个教学日举行,以庆祝一学期课程的圆满结束。该舞会由圣三一大学、圣三一大学学生会、学校中央社团委员会以及活动发起人共同举办。

圣三一大学内有一个不成文的"趣闻"。在校内,大多数学生(尤其是本科生)从不在钟楼下行走。据说,如果穿过钟楼时钟声恰好响起,那么这个学生将无法通过年度考试。但是,如果在钟响后的五秒钟内触摸到乔治·萨蒙雕像的底部,则魔咒就会自动解除。这个趣闻既反映了圣三一大学的学业压力之大,也为学生的生活增添了一丝"烟火气"。

(二) 爱尔兰国立大学(National University of Ireland)

爱尔兰国立大学(National University of Ireland)是一个联合的大学系统,其由各个成员大学和获得国家认可的学院组成。该校依据1908年颁布的《大学法》设立,并依据1997年的《大学法》进行了大幅度的改制。目前,爱尔兰国立大学的所有成员院校都是独立大学,但各校的学生在毕业时获得的都是爱尔兰国立大学的学历和学位证书。

爱尔兰国立大学由3个校区和4所大学的附属机构构成,其历史源远流长。最初的爱尔兰国立大学成立于1845年,由贝尔法斯特大学、科克大学和高威的女王学院构成。1849年,几所大学均开始正式的教学活动。一年后,这几所大学合并,并且更名为"爱尔兰女王大学"。爱尔兰天主教大学于1854年11月3日成立,它是一所独立的天主教教育大学,既不是公认的大学,也不提供公认的学位。1880年,爱尔兰皇家大学接管了爱尔兰女王大学和爱尔兰天主教大学的学位授予职能。此时,这几所大学合为一体,它们虽各自授课,但共用一个学历学位体系。

合并后的爱尔兰皇家大学又为都柏林新大学学院和圣帕特里克学院的毕业生授予学位。此前,都柏林新大学学院和圣帕特里克学院的学位由爱尔兰天主教大学授予。爱尔兰天主教大学于1882年在耶稣会的领导下更名为"都柏林大学学院"。19世纪90年代,都柏林新大学学院的学生取得了比爱尔兰皇家大学的学生更高的学术成就。

1908年，爱尔兰进行了大学体制改革。这次改革推动了爱尔兰国立大学和贝尔法斯特女王大学的形成。爱尔兰皇家大学于1909年解散，并于1910年5月再组为公众认可的努伊学院。最初，爱尔兰国立大学并没有像爱尔兰皇家大学一样代授成员大学的学生或外校学生的学历和学位证书。此时，作为世俗性大学的爱尔兰国立大学仍被禁止授予神学学位。

爱尔兰国立大学成立后，其下属的学院一直在增多。1975年，利默里克学院成为爱尔兰国立大学内继卡里斯福特学院、布莱克洛克学院、圣帕特里克学院、德鲁姆康德拉学院和玛丽学院后的又一个教师培训学院。1976年至1977年间，托蒙教育学院加入了爱尔兰国立大学。到了1978年，圣安吉拉学院和斯莱戈学院也先后并入爱尔兰国立大学。

1996年，国立艺术与设计学院成为公认的国立美术学院。1997年，爱尔兰政府对爱尔兰国立大学进行了改革和重组，并在梅诺思增设了一所大学，该大学是在此前的圣帕特里克学院的某些学院的基础上创建而来的。这次改革还撤消了不准爱尔兰国立大学授予神学学位的禁令。

自1918年以来，爱尔兰国立大学的毕业生在议会选举中逐渐组成了一个选区。1918年，该选区正式成为英国下议院新成立的选区之一。在第一次选举之后，伊奥恩·麦克尼尔在议会里投了弃权票，并坐上了爱尔兰国立大学第一位民主党人的交椅。在1921年至1934年间，当大学选区被菲安娜·菲尔伊尔废除时，爱尔兰国立大学的毕业生中已经有四名学生曾进入过英国议会议政。

爱尔兰国立大学的校长只是大学的名义校长，因为各个成员大学都有本校实际的校长，他们在各校的实际运营中各自为政。1908年,在英国皇家特许大学成立时,爱尔兰国立大学就任命了第一任校长。所有后来的校长都是按照大学章程的规定,由议会选举产生。每当校长职位有空缺时,毕业生和学校职员就会通过选举来选出新校长。

虽然各自为政,但爱尔兰国立大学的各成员大学仍有一个共同点,即它们都拥有十个共同的学院,这十个学院分别是农业、艺术、凯尔特人研究、商业、工程与建筑、食品科学与技术、法律、医学与健康科学、哲学与社会学、科学以及兽医学。正是因为这些学院的设置相同,所以各个大学之间才能实现资源共享并开展更多的交流与合作活动,从而促进彼此的发展。

(三) 科克大学(University College Cork)

科克大学(University College Cork)成立于1845年,其前称是"科克女王学院"。目前,该校有教职人员762人(2010年),本科生约15000人(2016年),研究生约4400人(2016年)。科克大学坐落于科克的爱尔兰科克大学路,其也是爱尔兰国立大学的成员之一。

最初,科克大学是位于贝尔法斯特、科克和高威的三所女王学院之一。根据1908年的《大学法》,这所大学更名为"科克大学"。1997年的《大学法》将科克大学改名为"爱尔兰国立大学科克分校",而1998年的一项部长级指令又将其改名为"科克大学科克分校—爱尔兰国家大学科克分校"。尽管数次改弦更张,但"科克大学"还是这所学校最常用的名称。

在历年获得的荣誉和奖项中,科克大学五次被《星期日泰晤士报》评为"年度爱尔兰大学",最近的一次是在2017年。2015年,科克大学还被欧盟委员会资助的U-multiarank系统评为"表现最佳的大学"。外界的认可源于科克大学对科技和创新的不懈追求。其实,科克大学早在2011年就已经成为第一所能实现ISO 50001能源管理标准的大学。

最初的科克女王学院依据英国的维多利亚女王颁布的一项法案而成立,该法案旨在赋予新学院"爱尔兰学习的进步"的动力,和科克女王学院一同设立的还有此前提到过的贝尔法斯特女王学院和高威女王学院。科克女王学院于1845年12月30日成立,并于1849年正式投入运行。在成立之初,该学院有23名教授和181名学生,医学院、艺术学院和法学院是三个创始学院。一年后,科克女王学院成为爱尔兰女王大学的一部分。

科克女王学院最初的选址也和科克的守护神圣芬巴尔有联系,这一点在后世备受推崇。圣芬巴尔的修道之所和学习之所就在吉尔修道院的岩石附近。这个独特的都铎哥特式四合院和早期校园建筑均由托马斯·迪恩爵士(1792—1871年)与本杰明·伍德沃德(1816—1861年)设计和建造。随后,科克大学的基础设施不断完善,并且又增加了一些建筑,这其中就包括一座1860年左右建成的医疗大楼。

在随后的一个世纪中,《大学法》(1908年)的颁布促成了爱尔兰国立大学的建立,科克大学也被授予了大学的地位。1997年的《大学法》将科克大学确定为爱尔兰国立大学的成员之一,并将科克大学定义为除授予学历学位证书外具备所有职能的完整大学,而学历学位仍然是爱尔兰国立大学的独享特权。

截至2016年,科克大学共有21000名学生。科克大学开设的课程种类繁多,包括15000个本科课程,4400个研究生学习和研究课程,以及2800个成人继续教育本科、研究生和短期课程。该校共有2800名学术人员、研究人员和行政人员,他们为学校的日常教学和管理提供帮助。截至2017年,科克大学在全球范围内已拥有 150000 名校友。

考虑到学生人数的逐年增加,科克大学通过收购邻近的建筑和土地来扩大校园面积。自 20 世纪 90 年代末起,科克大学扩建了阿尔弗雷德·奥拉希利大楼、卡瓦纳药房大楼、布鲁克菲尔德健康科学中心和"拉斯娜·麦克尔"酒店(Devere Hall),还新建了刘易斯·格鲁茨曼画廊(Lewis Glucksman Gallery)、科克大学游客体验中心和布尔图书馆(以科克的第一位教授命名)。此外,科克大学还于 2009 年在西部公路上的前科克灰狗赛道上完成了西门大楼的建设,并对李·麦尔汀斯综合大楼的廷德尔学院大楼进行了翻新。2016 年,科克大学收购了科克市中心莱普斯码头上的科克储蓄银行大楼。2017 年,科克大学正式开展一项增加整个校园空间的计划,其中一部分就涉及一个"学生中心"的修建、600 个新学生住宿空间的增加和一个户外运动场所的建设。

科克大学是爱尔兰领先的研究机构之一,也是爱尔兰本地获得资金投入最多的研究机构之一。仅 2016 年一年,科克大学就获得了共计超过 9600 万欧元的研究资金。近五年来,科克大学获得的经费又增长了 21%。由此可见,爱尔兰政府极为重视科克大学的科学研究发展,不断地给予其资金,以作为其坚实的后盾。

科克大学目前有七个学院:艺术和凯尔特人研究学院、商学院、工程学院、食品科学学院、环境与技术学院、法学院、医学和科学学院。2005 年至 2006 年,这七个学院进行了合并,改组为四所学院:艺术学院、凯尔特人学院和社会科学学院;商法学院;医学和健康学院;科学学院、工程学院和食品科学学院。

科克大学与时俱进,注重创新。根据《2009—2012 年科克大学战略计划》,科克大学于2009年对全球排名前3%的大学进行了系统性研究,并在此基础上确定了学校的研究战略,即为"世界级研究"创建"卓越中心"。在该战略中,科克大学的研究人员和研究团队"在其研究领域内享有高度的自由和灵活度"。科克大学的王牌研究中心涵盖了多个领域,包括廷德尔研究所的纳米电子学、食品和健康智慧学、营养药物、健康食品、环境研究(生物多样性、水产养殖、能源效率和海洋能源研究)和商业信息系统。

科克大学分别在2003年、2005年、2011年和2016年被《星期日泰晤士报》评为"爱尔兰年度大学",并于2015年荣获爱尔兰"最好的大学"亚军。2015年,科克大学在爱尔兰的大学中排名第1位,在欧洲的大学中排名第16位,在全球的大学中排名第52位,在750所大学中排名第49位。在2011年的世界大学排名中,科克被评为5星级大学,排名在前2%。在2014年的世界大学排名中,科克大学排名第230位。在2015年的世界大学排名中,科克大学的13个学科领域(如药物学和药理学学科)均排名全球前50名以内(2014年仅有10个学科领域)。

科克大学在新媒体的建设上也颇有建树,如2014年获得社交媒体颁发的"最佳社交媒体参与度"奖,2015年捧回了"最佳国家机构使用社交媒体"奖和"最佳非盈利/组织推特账户"入围者奖。2013年,科克大学入围了两个网络投票类比赛的总决赛,包括"有史以来最具影响力的爱尔兰网站"和"最佳教育和第三级教育网站"。实际上,科克大学早在1991年就在爱尔兰本土建立了第一个网站(当时全世界只有九个网站),为爱尔兰提供历史和文学文献的转录服务。

科克大学是爱尔兰汉语研究所的所在地,学校允许学生通过艺术和商业活动来学习中国的文化和语言。该校于 2008 年获得欧洲语言奖。2017 年,科克大学的数字人文学科已发展成为一门独立的学科,有 60 名本科毕业生和 26 名博士研究生继续从事各种数字人文学科项目的研究。科克大学的学院中共有 80 多个社团和 50 多个体育俱乐部。学生们的日常生活很丰富,他们可以参加学术研讨、慈善会、创意社、游戏角色扮演等活动,可以加入政治、宗教和社会社团及俱乐部,还可以从事户外运动、武术运动、水上运动等体育项目。科克大学的俱乐部由爱尔兰银行赞助,骷髅和十字骨是所有运动队的标志。除了团队奖外,科克大学也设有学生运动奖学金。2010 年,约 100 名学生获得了 26 项不同体育项目的奖学金。

科克大学学生会(The Students' Union of University College Cork)是一个约拥有 17000 名会员的学生代表团体。与其他学校不同的是,科克大学的每个学生在入学后将自动注册为会员。

科克大学有多种住宿类型可供学生挑选,他们可以选择与家人住在一起,也可以选择在学校附近租房居住。科克大学的校园住宿区距离主校区约 1.5 公里,那儿最多可容纳 1000 多人。针对没有住在这一区域的学生,学校也会为他们提供搜索服务,以帮助学生就近寻找私人住宿资源。

科克大学的留学生众多,其不仅重视外国学生的"引进来",也注重本国学生的"走出去"。2010 年,科克大学有 2400 名国际学生,他们大多来自美国、中国、法国和马来西亚。科克大学还参加了伊拉斯谟国际计划。2009 年至 2010 年间,439 名外国学生访问了科克大学,201 名科克大学的学生前往美国、中国或欧洲的高校学习。

六、可资借鉴的经验教训

爱尔兰的高等教育尤为发达,其中不乏可以供我们借鉴的经验和教训:

(一)双轨并行,分工明确

在爱尔兰的高等教育中,大学和学院双轨并行,分工明确。这样的分工使大学明确了自身的教育职能,并能在实际的教学中有的放矢。因此,在我们国家的大学建设中,首先要明确自身的定位,再在实际的建设中不断增强师资力量,为人才的培养打下坚实的基础。

(二)加大政府投资

在爱尔兰的高等教育中,政府财政投资力度大。"十年树木,百年树人",高等教育的发展离不开人力和物力。我国应当加大财政的投资力度,为高等教育的发展注入新的资金力量,改善教学设施和环境。

(三)注重职业教育

爱尔兰的高等教育同样注重职业教育。政府不断更新职业教育管理机构的职能,并根据社会需要,调整职业培训的具体内容。我国也应加强职业教育改革,注重培养职业技术型人才,拓宽求职者的就业渠道。

(四)创新是发展的源泉

爱尔兰的高等教育注重创新,而且尤其是注重政策和技术的创新。科技带来的活力是巨大的,政策应当随着科技的发展而有所调整。

(五) 注重教育资源的进出口

爱尔兰的高等教育贯彻了全球化的理念。爱尔兰的很多高等院校积极走出国门,与世界各地的学校进行交流。我国的高校应当放眼全球,加强对外开放和交流,积极学习西方高等院校的优点和吸收西方教育的精华,把中国文化传出去,以促进我国高等教育的发展。

第六章 爱尔兰教育对外开放情况

一、教育对外开放情况简介

爱尔兰实现从一个传统农业国到一个新兴工业国转变的时间仅数十年。过去，爱尔兰人并未过多地考虑开放国门接纳大批国际学生赴爱尔兰留学。近年来，由于科技的发展和新兴产业的崛起，爱尔兰对高端人才的需求逐渐变大。即使正处于人口红利期，爱尔兰本国的高科技人才也有很大的缺口，难以满足自身发展的需要。因此，自上个世纪90年代的"凯尔特之虎"的黄金发展期起，爱尔兰就规划并出台了多项政策，以逐步开放国内的教育市场。据高等教育局统计，2017年全年共有20000多名国际学生在爱尔兰留学，占学生总数的10.6%，爱尔兰留学产业已形成了规模效益。眼下英国脱欧已成定局，欧盟国家与爱尔兰的交流很有可能会越来越密切。因此，爱尔兰政府正通过加紧宣传来吸引更多优秀的国际学生赴爱留学，以满足爱尔兰发展对人才的需求。爱尔兰的优质教育之大门会永远为国内外的莘莘学子敞开，此举也为爱尔兰及全世界输送了高质量的人才。

二、总体宏观政策

在探索教育对外开放的过程中,爱尔兰政府逐步制定了一系列的内外政策。正是这些具有针对性和实践性的政策,使爱尔兰的教育对外开放事业一步步地发展和完善起来。

(一)《亚洲战略》[①]

1998年9月,爱尔兰政府制定了第一阶段的《亚洲战略》。该战略是爱尔兰面向亚洲地区的重要发展战略,涉及生产出口、服务、吸引外资等领域,其中,中国和日本被爱尔兰列为重要的合作伙伴。教育是服务领域的重要组成部分。战略指出,实现教育市场的国际化能使爱尔兰更好地与其他国家开展政治合作与经济合作。

2005年,爱尔兰政府又推出了第二阶段的《亚洲战略》。第二阶段的战略将重点放在服务领域,并且将中国列在网络教育服务输出环节合作国家中的最前列。爱尔兰对与中国合作的重视程度可见一斑。预计到该战略执行的尾声,每年将会有5000名中国学生选择到爱尔兰高等院校留学。

十多年后,我们在回顾两个阶段的《亚洲战略》时会发现,尽管它们的主要目的都是为了和拥有新兴市场的亚洲建立与发展经贸关系,但不论是在人员的往来上,还是在技术的交流上,这些战略客观上都要求爱尔兰和亚洲国家在某些高新技术领域进行合作与协同研发。爱尔兰和亚洲的大学之间互派国际交流生

---

① 董会庆:《爱尔兰高等教育国际化策略鉴析》,北京:教育部教育信息管理中心,2009年,第28—33页。

的行为就是这一要求的客观体现。从长远来看,互派交换生使外国学生取得了体验爱尔兰优质教育的机会,来自亚洲的留学生回国后必然会夸赞爱尔兰的教育质量,从而吸引更多的学生前往爱尔兰留学。因此,《亚洲战略》开启了第一批中国学生赴爱尔兰留学的大门,在爱尔兰的教育对外开放事业中发挥了奠基作用。

(二)《在国际关系中投资 2010—2015》和《爱尔兰国际教育战略 2016—2020》

爱尔兰教育与技能部在《爱尔兰国际教育战略 2016—2020》(下文简称《战略》)中介绍了其最新的对外开放教育政策。该战略有四大目标:(1)继续向海外拓展国际教育;(2)构建支持性的全国教育结构;(3)延长英语教育的可持续性;(4)建成具有全球竞争力的高等教育体系。

《战略》摘要综述部分如下:

《战略》是在爱尔兰以前的国际教育战略——《在国际关系中投资 2010—2015》所取得的重大成就的基础上制定的。该投资计划的核心是推动爱尔兰教育的国际化。教育的国际化可以被描述成一种推行教育的综合途径,其目的是使学生、教师和员工积极主动地参与到相互联系的全球化学习网络中。《战略》不仅着力于实现这一目标,还致力于依托这一目标吸引国外的优质生源,为爱尔兰的建设和发展服务。

《战略》强调提供高质量的学习体验、学术体验和研究活动以及超强的学习流动性,打造一个与众不同地展示爱尔兰国际教育中心实力的机会。

爱尔兰的国际教育推行得很成功。《在国际关系中投资 2010—2015》将爱尔兰教育发展的首要目标定为"为学生提供独特的学习体验,让他们获得长足的发展,为他们带来高质量的国际教育的长期价值;把学生培养成国际公认的全球领导者"。2015年,该战略中的招募全日制国际学生和促进经济增长的目标均超额完成,爱尔兰的高等教育也赢得了"学生和学生体验的理想目的地"的美誉。

当今世界是一个全球化的世界,也是一个教育实力相互竞争的世界。各国在国际教育方面的投入都有所增加,英语国家在提供国际教育方面的传统统治地位正受到非英语国家的强劲挑战。除了国际教育领域,英语国家在其他领域(如贸易、移民、工作机会等)的优势也在逐步丧失。科技发展、邮件投递的新模式和国际交换也使世界格局在悄悄发生着改变。

这一战略的出台表明,在对国际学生进行经济价值分析后,爱尔兰看到了国际学生在极大地促进爱尔兰国际教育发展方面的潜力。该战略清晰地论证了爱尔兰近年来的接受全日制国际高等教育和参与英语培训的学生人数的巨大增长及其背后的深层原因。

国际学生的输入给一个国家带来的实际经济价值之大小,关键还是要以其为输入国带来的影响作衡量标准。从宏观上来看,爱尔兰的留学生每年至少能给国家带来15.5亿欧元的经济效益,这一数值远远超过上一个战略所设定的极具挑战性的12亿欧元的目标。高收益不仅突出了国际教育资源的输出为爱尔兰经济和社会作出的巨大贡献,也使其窥见了进一步推行强化政策能在这一领域创造极大价值之事实。

在陈述完摘要综述部分后,《战略》就四大目标分别展开论述,详细地介绍了爱尔兰教育与技能部在战略实施期间打算推行的具体行动。

从这些战略计划可以看出，爱尔兰政府对教育资源的对外开放一直持积极主动的态度。爱尔兰政府看重国际教育之推行能为其带来的经济效益，注重教育开放对本国经济发展的推动作用，希望引进和培育国际化人才以促进本国的经济繁荣。这一点与《亚洲战略》的思路一脉相承。就成果来看，《在国际关系中投资2010—2015》的目标大多超额完成，那《战略》的预期目标也不会太差。基于此原因，爱尔兰政府可能会提前制定并推行新一轮的战略计划。从这两个战略可以得出，爱尔兰政府将发展重心放在了经济发展上，而教育的发展则被视为经济发展的补充。尽管如此，爱尔兰教育的对外开放程度客观上还是在逐年提高，爱尔兰政府为留学生设置的申请门槛也在逐渐降低。在不远的将来，越来越多的中国留学生会因此受益，他们能走出国门，在爱尔兰接受优质的高等教育并实现自身的价值，从而为国家的发展作出贡献。

三、参与国际教育组织

爱尔兰参与的国际教育组织有欧盟、欧洲理事会、经济发展与合作组织以及联合国教科文组织。这些组织大部分为欧洲组织，这一方面与这些组织的地理位置有关，另一方面也与欧洲教育领先于世界其他区域之事实有关。除了与欧洲的国家和组织合作外，爱尔兰近年来也在积极寻求与第三世界国家（尤其是中国）的教育合作，以吸引更多优秀人才为本国经济发展服务。

下文将简要介绍各教育组织的最新动态，以作为对爱尔兰政府今后的政策走向进行预测的基础材料。通过广泛参与国际教育组织的活动，爱尔兰成功地扩大了自身的国际影响力，它不仅为世界的教育事业贡献了自己的力量,也吸取了百家之长和改进了本国的教育对外开放工作,从而使将爱尔兰打造成一流国际化教育中心的目标能够更快实现。

(一) 欧盟和欧洲理事会

据欧盟委员会网站2018年1月17日消息,欧盟委员会当日推出一系列新举措,旨在提高欧洲公民的关键能力和数字化技能,并进一步建立欧盟成员国的共同价值观和提高学生对欧盟委员会的作用及功能之认识。

为了建立更加统一、强盛和民主的欧洲,这些新建议力求在保持欧洲竞争力的同时,减少社会和经济的不平等现象。

欧盟委员会颁布了《终身学习关键能力的委员会建议》(*Council Recommendation on Key Competences for Lifelong Learning*)。该建议在2006年通过的《关于终身学习关键能力的建议》基础上增加了反映教学快速发展进程的新内容,目的是开发人们的关键能力,并为欧盟成员国的具体教育实践提供相关指导。为了激发个人潜能、创造力和学习主动性,该建议将重点放在提高创业内驱力和创新思维上。

欧盟委员会还推出了《数字化教育行动方案》(*Digital Education Action Plan*)。该方案概述了欧盟如何通过数字技术教学帮助人民、教育机构和教育系统更好地适应数字化时代的工作与生活。该方案的具体举措包括:为学校提供可接入的高速宽带;扩大基于教学技术应用的自我评估工具在学校中的使用规模;以及开展以安全上网、媒体素养、网络卫生等为主题的提升公共意识的行动。

此外,欧盟委员会还提出了有关培养共同价值观、全包型教育、欧洲教学体量化等方面的建议。共同价值观旨在增强欧洲社会凝聚力,抵制民粹主义、仇外情绪、民族分裂主义以及虚假新闻的传播,而全包型教育以提升全体学生的优质教育和欧洲教学体量化为宗旨,从而使儿童了解欧洲遗产的同一性和多样性,以及更好地理解欧盟的作用与功能[①]。

(二) 经济发展与合作组织教育司

欧洲各国在教育上投入了巨额的财力和物力,这皆因教育对推动经济增长和提高社会凝聚力至关重要。经济发展和合作组织教育司致力于帮助成员国建成有助于实现个人发展和推动经济可持续性增长的高质量教育。

该司的工作重点包括加强教育成果的评估和提高、促进教师教学水平的提升以及通过教育加强社会成员之间的凝聚力。除了这些重点推进的工作外,该司的工作还涉及根据时代的发展调整高等教育的科目和课程、探讨欧洲教育的未来以及推行"终身学习"理念的策略。

教育司对成员国和非成员国家的教育体系定期进行平行评估,并将各个国家的教育和培训体系的发展情况按年度刊登在《教育一览》上。教育司推行的国际学生评估项目会对 15 岁学生的学业成绩水平每三年进行一次直接评估,而教育司管辖的教育研究与创新中心的工作重心则是对教育领域的长期趋势和创新进行调查研究。[②]

(三) 联合国教科文组织

自 1945 年成立以来,联合国教科文组织一直以促进和平、

[①] 熊岚:《欧盟委员会推出未来学习包》,北京:教育部教育信息管理中心,2018 年,第 74—75 页。
[②] 信息来源: http://www.oecdchina.org/topics/edu/edu_index.html, viewed at 1st September 2019。

消除贫困、促进可持续发展与跨文化交流为自身使命,而教育正是实现这一目标的重要活动之一。联合国教科文组织致力于在世界范围内拓展素质教育,以培养公民全面的、人性化的视野,进而实现人人享有平等的受教育权之目标,其专注于发挥教育在人类、社会和经济发展中的基础性作用。

联合国教科文组织的重点是在全球范围内建立全面、公平的优质教育,以及扩大全民终生学习的机会。[1]

四、负责教育对外开放的相关机构及其简介

自决定实施教育对外开放政策以来,爱尔兰从上到下形成了一整套管理教育的机构体系。

(一) 英语语言学校咨询委员会[2]

英语语言学校咨询委员会是爱尔兰国内负责教育对外开放工作的传统机构,其成立于 1969 年。该委员会于 1995 年被划归为爱尔兰教育科学部管辖,其负责爱尔兰非学位英语教学的管理与认证。目前,爱尔兰全国共有 155 所语言服务机构,它们面向全世界提供英语语言的教学服务,每年吸引十多万英语语言学习者来爱尔兰求学。

(二) 爱尔兰国际教育委员会[3]

1992 年,在相关法规的引领下,爱尔兰教育与技能部和商

---

[1] 信息来源:https://zh.unesco.org/themes/education, viewed at 1st September 2019。
[2] 董会庆:《爱尔兰高等教育国际化策略鉴析》,北京:教育部教育信息管理中心,2009 年,第 30 页。
[3] 董会庆:《爱尔兰高等教育国际化策略鉴析》,北京:教育部教育信息管理中心,2009 年,第 29 页。

贸旅游部等部门组建了爱尔兰国际教育委员会。该委员会的目标是向全世界推广爱尔兰的国际教育,从而把爱尔兰打造成世界一流的国际教育中心。

1998年,随着《亚洲战略》的公布与实施,爱尔兰国际教育委员会越发重视亚洲教育市场。在十余年的不懈努力下,爱尔兰国际教育委员会得到了爱尔兰社会各界——尤其是高等教育界——的一致认可。

(三) 教育与技能部国际科

国际科隶属于教育与技能部,其职责有:

(1) 制定发展和协调政策,提升爱尔兰在国际学生心中的地位,加强和关键伙伴国之间的教育联系;

(2) 加强欧盟在教育方面的作用,积极参与欧盟资助的教育计划,为提高教育质量作贡献;

(3) 辅助其他国家机构监督欧盟资助计划的执行;

(4) 接待来爱尔兰学习或访问的外国代表团,记录与其他国家的交流项目的教育系统的确切信息;

(5) 管理名下用于爱尔兰和国际学生交流的奖学金;

(6) 起草和修改爱尔兰向联合国教科文组织递交的教育方案;

(7) 管理爱尔兰教师在欧洲学校内的人事调动安排;

(8) 确保和经济发展与合作组织以及欧洲理事会共同举办的国际教育活动的成功。

第七章　爱尔兰留学服务信息

一、爱尔兰留学优势

学生在决定留学之后,选择一个好的目的地是第一步。那么,与传统的热门留学目的地英国和美国相比,爱尔兰的优势在哪里呢?

(一)爱尔兰教育的产学结合经济模式[①]

爱尔兰教育同社会产业紧密相连,它的教育富有创新性、灵活性和实用性。此外,爱尔兰还依据学生的具体情况,推行个性化教育。正因为如此,爱尔兰在过去十年中一跃成为世界上经济增长最快的国家之一,有近一千家跨国公司将爱尔兰作为其拓展业务的基地,包括谷歌、英特尔、埃森哲、普华永道、德勤、花旗银行、雅虎、微软、惠普、苹果、亚马逊等。

(二)众多的就业机会[②]

爱尔兰的传统产业和新兴产业中的空闲岗位多,劳动力市

---

① 信息来源:https://zhuanlan.zhihu.com/p/35705575,viewed at 1st September 2019。
② 信息来源:https://zhuanlan.zhihu.com/p/35705575,viewed at 1st September 2019。

场上的高质量人才短缺。对于留学生而言,无论是学习期间还是毕业之后,他们都有很多在爱尔兰工作的机会。学生们平时可以从事兼职工作或假日工作,毕业后也可以轻松地在爱尔兰找到一份全职工作。除了就业机会众多这一优点,爱尔兰政府还允许本科生在毕业后额外在爱停留一年以寻找工作,而硕士毕业生毕业后被准许居留的时间是两年。

(三) 较高的文凭认可度

据2014年的《IMD世界竞争力年报》统计,爱尔兰的高等教育实力在全球排名前二十位。

爱尔兰质量与资质部(Quality and Qualifications Ireland)制定了"国家资质框架系统"(National Framework of Qualifications),统一对学习者进行评估和管理。这一框架包括十个级别,对接受不同种类教育的学习者进行等级和资历的评估,以确保这些证书在爱尔兰及海外的认可度。

国家资质框架严格的资格认证具有质量保证。学习者学习的课程和就读的学校持续受到爱尔兰政府的监管,教育质量有保证。政府制订这项制度旨在确保所有学生无论身在爱尔兰何处都能接受优质教育。

爱尔兰的国家资质框架系统与欧洲信息中心网络和国家学术承认信息中心制定的资质框架彼此兼容。学生在爱尔兰获得的学术资历在其他欧洲国家、美国、加拿大、澳大利亚和新西兰都能得到承认。[①]

2018年,中国政府和爱尔兰政府达成互认学历备忘录。除

---

① 信息来源:http://www.educationinireland.cn/institutions/internationally_recognised_qualifications.html,viewed at 1st September 2019。

少数不被爱尔兰政府承认的私立院校外,大多数爱尔兰院校的文凭在中国都会获得认可。对于在爱尔兰留学的中国学生来说,这无疑是一个好消息,他们将来无论是留在爱尔兰工作还是回国工作,前途都是一片光明。

(四) 众多的奖学金机会

西方国家极其注重高等教育的发展,部分国家(如德国、法国等)甚至在部分高校推行免费教育。爱尔兰的高等院校均需自费,但是政府和大多数高校为留学生设置了多种多样的奖学金。中国留学生可以申请的奖学金主要有:

(1) 爱心奖学金

爱尔兰爱心奖学金(Claddagh Scholarship)是由爱尔兰教育推广处发起并组织的国家级奖学金项目,于 2015 年 9 月正式启动。目前,有 15 所爱尔兰高校以及 2 家爱尔兰企业参与了到这个专为中国学生设立的奖学金项目中,他们共设置了近 200 个奖学金项目,总额超过 100 万欧元。该奖学金涵盖了 30 多个不同的专业领域(如环境科学、工程、商科、社会科学、计算机等),并且囊括了本科、研究生和博士三个层次的学生。爱心奖学金项目开启了爱尔兰高等教育和本土企业合作的新模式,旨在进一步推动爱尔兰院校与中国高校的合作,进而提高学生的就业率。

(2) 爱尔兰高校奖学金

除了政府和企业设置的奖学金外,爱尔兰众多高校都为留学生提供了丰厚的奖学金。奖学金评定的标准很多,其中很重要的一项就是留学生的学业成绩。例如,科克理工学院向所有平均成绩高于总分 70% 的留学生提供每年 1000 欧元的奖学金。

(3) 国家留学基金委员会奖学金①

国家留学基金委员会(China Scholarship Council)是中国专门为国内人员出国留学而设置的奖学金。申请国家公派留学的学生会在出国留学期间收到留学基金委员会向其提供的奖学金资助。国家留学基金会有很多针对不同群体的公派留学项目,申请人可以是本科生、研究生、教师、访问学者等。如果想申请该奖学金,学生可以提前登陆留学基金委员会的官方网站提交申请书和相关材料。

目前,中国国家留学基金委员会为前往爱尔兰三所高校留学的学生提供奖学金,它们分别是圣三一大学、都柏林大学和科克大学。

(五) 引人入胜的自然环境和风土人情

尽管爱尔兰国土面积狭小,但其拥有包括国际文学、音乐、电影等在内的诸多文化景观。爱尔兰人生性喜爱节庆活动,喜欢结交新朋友。每年,爱尔兰都会举办上千种文化娱乐活动,留学生随时随地都有机会参与到这些活动中去。美食、音乐和文化遗产都是爱尔兰值得骄傲的风景。

爱尔兰拥有独特的地貌,独有的蓝天碧海让人赞叹不已。这里有奇幻的古堡和历史遗迹、古老的考古遗址以及长达数千英里的梦幻海岸线。在这里,你能看到全欧洲最美丽的沙滩、最高的海边悬崖以及最波涛汹涌的海浪。②

许多名人都是爱尔兰裔,例如肯尼迪、尼克松、里根、奥巴马

---

① 信息来源:http://www.educationinireland.cn/scholarships/scholarship.html, viewed at 1st September 2019。
② 信息来源:http://www.educationinireland.cn/choose_ireland/having_fun_in_ireland.html, viewed at 1st September 2019。

等美国总统,爱尔兰的人文实力由此可见一斑。

美丽的自然环境和浓厚的人文环境造就了爱尔兰这个"绿岛"。爱尔兰既适宜居住,也适宜留学。来到这儿,你会为爱尔兰的自然风光和人文底蕴所折服。

二、留学生规模、国别及中国留学生情况

近年来,爱尔兰第三级教育(大学及以上学历)的留学生数量在不断增长。这一数字在英国脱欧后可能将增长更快,因为爱尔兰此后将成为欧盟成员国内除马耳他以外唯一一个说英语的国家。无论是在缴纳学费和促进经济增长方面,还是在构建文化桥梁方面,外国留学生都发挥着非常重要的作用。因此,政府、公立学校和私立学校都在努力创造条件,以吸引各国留学生来爱尔兰读书。

高等教育局的数据显示,2017年全年共计有23127名国际学生在爱尔兰的公办大学或私立大学上学,比前两年的19697人增加了约3000多人。外国学生数占到了爱尔兰的大学、研究机构和教师培训学院录取总数的10.6%,还有更多在私立大学或学院就读的外国学生并未被计入总数。[①]

爱尔兰高等教育署(Higher Education Authority)提供的最新数据显示:2016年至2017年,美国在爱留学生数量达到4696人,位列第一,接下来是中国(2153人)、沙特阿拉伯(1396人)、马拉西亚(1380人)和加拿大(1356人)。

---

① 信息来源:https://www.sohu.com/a/210092270_155248, viewed at 1st September 2019。

在录取的国际学生中,91%的人都在爱尔兰读全日制课程,大多数国际学生选择本科阶段的课程。在留学生中,58%的学生年龄在 23 岁及以下,其中女性占 54%。在各类课程中,健康和福利类课程最受国际学生欢迎。爱尔兰皇家外科学院吸引了约 2401 名国际学生就读。38%拿到本科学位的国际学生和 63%拿到硕士学位的国际学生在毕业后的 9 个月里会选择在爱尔兰工作。

爱尔兰政府和各院校都在为吸引更多的国际学生而努力。国际学生的到来不仅能带动经济的增长,也能增强爱尔兰与其他国家的文化纽带关系。[①]

目前,不论爱尔兰的中国留学生数是多少,这个数字和其他的主流留学国家的留学生数比还是相形见绌。爱尔兰留学的饱和度不高,在未来还有很大的提升空间。

三、留学生招生政策

在决定留学之后,学生务必要充分了解目的地的招生政策,有的放矢,避免无功而返。总的来说,爱尔兰留学分为三种情况:中小学留学、大学留学和语言学校留学。爱尔兰的升学门槛较低,处在任一阶段最后一年的在读学生或者毕业生均可申请高一级学位,但是爱尔兰的学校均要求学生在申请时已修完相应课程和获得足够学分,且学校对学生的课程成绩和英语有严格的要求。每个学校的具体情况不同,学生如有需要也可自

---

① 信息来源:http://dy.163.com/v2/article/detail/D7L6APHC0518P442.html, viewed at 1st September 2019。

由登陆所申请学校的网站查看。

(一) 中小学申请

爱尔兰的中小学申请无门槛,学生只需要提供相应的信息和材料即可。这些申请材料包括以下三类:

(1) 学生个人信息

学生个人信息主要包括两种,即个人详细信息(姓名、性别、出生日期、护照号、国籍、宗教信仰、现就读学校名称、现所在年级、希望报名的年级、寄宿还是走读寄宿等)和所申请学校的信息(公立或私立、单性别学校或混校、学校地理位置、学校排名等)。

在初期询问申请名额时,学生必须完整地填写好个人基本信息交给学校。学校会以邮件等形式向学生反馈目前是否有申请名额、是否需要进入等待列表、申请费等信息。

(2) 家庭及父母信息

学生在申请表中需要填写的家庭及父母信息有家庭地址(可填中国的家庭地址)、家庭电话(可填中国的家庭电话)、家庭邮箱(可填父母的电子邮箱)、父亲姓名、父亲国籍及宗教信仰、父亲职业、父亲邮箱、父亲电话、母亲姓名、外婆姓氏、母亲国籍及宗教信仰、母亲职业、母亲邮箱、母亲电话等。

至于是否需要提供家庭和父母信息,以及是否需要提供其他更多信息,学生应以各个学校当年的申请要求为准。

(3) 资料清单

除了个人信息和家庭信息外,学生在申请院校时还需提供出生证明(英文翻译件原件和翻译件复印件)、各科成绩单(英文原件,由在读学校出具)、介绍信(英文原件由在读学校出具,具体介绍学生的情况,如学习成绩、特长爱好、英语交流能力、课外班等)、各类证书(如钢琴、武术、跆拳道、美术、英语等各类证书的复印件和英文翻译件原件)、学生是否有语言或认知障碍(如果有的话就需要相关专业医生开具的证明文件)、英语等级测试证书(如果学生就读高中一年级或以上年级,那么大部分学校会要求学生提供英语等级测试证书或者在录取前参加该学校的英语测试,而对申请留学的小学生没有此要求)。

在最终向学校提交报名申请时,学生需要将个人资料文件和申请表一并提交给学校。因此,在确定申请名额和确定报名学校的阶段,学生最好同时着手准备个人资料,以确保后期能在第一时间内完成报名。

(二) 大学申请

(1) 本科申请[①]

本科入学申请的要求包括学术入学要求和英语水平要求。

① 学术入学要求

对于爱尔兰的高等院校而言,各专业的入学要求每年各不相同,具体取决于授课地点的数量和申请学生数,但热门专业的入学竞争非常激烈。爱尔兰本土学生的录取取决于他们的高中毕业考试成绩,参考依据是学生得分最高的六门科目的分数。

在申请高校时,学生的国际文凭(IB)也是入学的参考依据。根据当前公布的入学要求,高校会对学生的分数和科目进行考量。不论申请哪所高校,学生必须符合具体专业的最低入学要求。高校将对所有申请人进行单独评估,但获得国际文凭并不能保证学生一定会被高校录取。除最低入学标准之外,各高校

---

① 信息来源:http://www.educationinireland.cn/how_to_apply_and_get_a_visa/undergraduate_application.html,viewed at 1st September 2019。

还可提出额外的入学要求。

② 英语水平要求

如果申请人的母语非英语,则高校会要求申请者具备良好的英语水平,包括良好的理解力和说写能力,因为爱尔兰高校大都使用英语作为教学语言。

申请就读学位课程的学生必须具备流利的英语口语水平。许多高校都提供英语培训课程。爱尔兰全国有 100 多家私营英语培训机构,这些机构旨在为客户提供各类短期和长期英语培训课程。

对于申请留学的学生而言,其英语水平必须有特定的证书加以证明。学生获得的所有英语水平证书必须是在入学之日前两年内签发的。在某些情况下,除下表中列出的英语证书之外,其他英语能力考试证书也可被高校接受。具体的英语证书如下:

爱尔兰学生毕业考试英语成绩——普通水平 D 级;

GCSE 英语考试——C 级;

GCEO 英语考试——C 级;

剑桥大学英语考试——合格等级;

雅思——总分 6.0—6.5,单项分数不低于 6.0;

剑桥英语水平能力测试——C 级;

剑桥高级英语考试——A 级;

ARELS 口试——合格;

ETAPP 考试——C1 级;

PTE 学术类——36 分以上。

特别值得一提的是,学生如果申请在爱尔兰就读医学专业,那么他们必须参加爱尔兰高校医学专业本科专为欧盟国家学生设计的医学考试。该项考试的成绩将与学生的毕业考试成绩相加以得出一个总分,只要学生的分数达到480分以上并且符合医学院的录取标准,他们就能申请就读爱尔兰医学本科专业。学生如果来自非欧盟国家,那么他们可以与爱尔兰各高校的国际学生办公室联络,以获取具体的细节信息。

(2) 硕士申请[①]

爱尔兰留学硕士的申请要求包括学术入学要求和英语水平要求。

① 学术入学要求

不论来自哪个国家,学生在爱尔兰都能很容易地申请到硕士课程。学生只需直接与意向高校的国际学生办公室联络即可。

在申请爱尔兰高等教育学校硕士课程时,来自非欧盟国家的学生可以通过"硕士课程申请中心"(PAC)网站进行申请。如果学生申请的高校和课程未在PAC网站上列出,那么他们可以直接向高校提出申请。实际上,申请过程并没有我们想象中那么难,学生遵循网站上的说明按步骤申请即可。有的时候,高校的网站上并没有直接写明需要何种成绩证明,但是PAC网站上可能会有。学生在申请时需要多方留意,尽可能搜集更全面的信息,以免因信息遗漏而造成困扰。

② 英语水平要求

爱尔兰所有的研究生课程都使用英语教学,申请研究生学位课程的学生必须具备流利的英语听说读写技能,以便参加教

[①] 信息来源: http://www.educationinireland.cn/how_to_apply_and_get_a_visa/postgraduate_application.html, viewed at 1st September 2019。

师的个别辅导、讲座讨论和考试。因此,学生必须具备以下英语等级证书之一,才能申请研究生课程:

爱尔兰英语等级考试证书——普通水平 D 级;

GCSE 英语考试——C 级;

GCEO 英语考试——C 级;

剑桥大学英语考试——实用英语考试合格水平;

雅思——总分 6.5,单项成绩不得低于 6.0;

剑桥熟练英语水平考试——C 级;

剑桥高级英语考试——C 级;

ARELS 口试——合格;

ETAPP 考试——C1 级

PTE 考试学术类——63 分以上。

如果学生的母语不是英语或本科阶段接受的不是英语教育,那么在注册任何课程前,学生必须先通过英语考试。同样地,考试成绩在两年内有效。

同样特别值得一提的是,如果学生打算申请攻读爱尔兰的医学硕士,那么其必须参加 GAMSAT 考试。GAMSAT 是澳大利亚医学院入学考试,由澳大利亚教育研究理事会(ACER)制定。所有申请四年制医学专业入门课程(GEP)的欧盟国家毕业生都需参加 GAMSAT 考试。

除了对英语等级的要求外,各高校和课程的申请截止日期各不相同。学生应仔细浏览高校官网关于申请方面的相关信息,以免延误申请日期。

为快速处理学生的申请,每所高校都要求学生提供相关的信息和文件,部分课程还需学生提供其他身份证明。在申请院校之前,学生需要做好相应的材料准备工作,以备不时之需。

(3) 英语课程申请

不论学生年龄几何、英语能力如何或有什么特殊的课程要求,他们在爱尔兰总会找到适合自己的语言课程。不论学生的学习目的是商务交流还是日常会话,语言学校都会为申请者量身定制最合适的考试类型。在爱尔兰,学生申请英语课程极为便利,只需直接向感兴趣的语言学校提出申请即可,但在申请前需要事先确认所申请的语言学校是否具有合法资质。①

综上所述,爱尔兰对留学生的硬性要求基本只有语言,学生只要在国内考过雅思并达到一定等级即可,这比英美大学的申请条件宽松很多。留学生在申请学校时不妨将爱尔兰作为考虑对象,并在权衡利弊后选择自己心仪的目标院校进行联系和申请。

四、留学生报考流程

爱尔兰的高等院校类别多样,不同高校在留学生报考的课程类型、申请时间、申请材料等方面的要求有所不同。申请留学的学生不仅要确定自己的目标院校,还要及时登录学校官方网站以了解最新的招生信息和申请流程,有不理解之处切勿掉以轻心,应及时通过电子邮件等方式向学校招生办询问清楚,以免耽误申请期。本部分通过介绍 2014 年爱尔兰国立大学(高威)本科生留学报考流程来为学生提供参考:

高威大学本科生的申请(临床医学除外)可以直接向国际事

---

① 信息来源:http://www.educationinireland.cn/how_to_apply_and_get_a_visa/english_language_courses_application.html,viewed at 1st September 2019。

务处(International Affairs Office)提出,申请资料包括非欧盟国(完整学位)本科生申请表、高中毕业证书(公证件)或在读证明、高中成绩单、英语成绩、CV、护照首页、出生证明(办理签证用)等。申请者可以在以下网站下载申请表: www.nuigalway.-china.cn/download。填写完信息后,申请者只要将申请资料以电子邮件形式发送给高威大学的中国代表即可。本科生的申请不收申请费,申请开放期为每年的十月中旬到次年的六月底。

需要注意的是,由于国际留学生的审核程序相对复杂,且办理护照与签证的手续耗时不等,所以申请者必须注意申请院校的开学时间,并至少提前八周提交申请表和所有证明材料。

五、留学生针对性准备

既然选择了到爱尔兰留学,留学生就一定要提前做好功课。在选择报考的院校时,学生应对目标院校进行全面了解,以防止现实与理想差距过大,在就读后才发现不适合的话将会浪费学生的时间和精力。了解留学信息的途径一般有两种:一种是官方渠道,包括官网和留学机构等,学生可以从硬件方面考查学校的教学实力、意向专业学习内容、就业前景等最为紧要的问题;另一种是非官方渠道,包括学校的各种社交媒体,这些媒体一般会发布学校举办的各种活动信息,学生在申请时可以选择与自己的兴趣爱好最为贴近的学校。

留学生在决定留学的最初阶段就应该开始着手准备各类申请材料,其中最重要的部分便是与学习背景相关的证明材料。以爱尔兰国立大学中的高威大学为例,高中毕业生或高三在读的学生都可以申请去爱尔兰攻读学士学位,但申请人在进入目标学校就读前必须获得高中毕业证书(公证件)并出具高中三年的成绩单(平均分在80%以上)。申请人可以提供的有效资格证明包括高中毕业证书(公证件)、高考成绩(评定奖学金用)、GCE A-Levels 成绩、International Baccalaureate 成绩、香港高考成绩(HKALE)、香港中学文凭(HKDSE)等。除了必要的高中成绩和证书外,申请人还需要满足所申请专业的英语水平要求。

接下来就是签证的问题。在西方国家中,爱尔兰的签证算是比较好办的,但是每年都会有申请人因为不重视某些细节而被拒签。为此,爱尔兰大使馆对预备前往爱尔兰学习的中国留学生提出了以下建议:

(1) 提供真实的证件。签证处会严格审查申请人的文件真实性。如果申请人的信息里有不利于签证的内容,申请人也应如实填写。即使这次被拒,至少下次还有通过的可能。但是,一旦被查出虚假信息,申请人未来所有的爱尔兰签证申请就都会受到影响。签证申请人切勿有侥幸心理,诚信第一。

(2) 详细完整地填写个人简历。如果申请去爱尔兰读大学,那么申请人需要在表格中详细填写自己高中阶段的经历。如果有课外的学习经历和社会实践活动,那么申请者也需要将其一并填写进申请表,并且需要在面试时清晰地向签证官进行说明。这有助于申请人在签证官面前树立一个好的形象,从而提高签证通过率。

(3) 详细填写留学计划。以申请普通大学为例,如果申请人计划在爱尔兰学习四年时间,那么他必须在申请书中详细阐述在爱尔兰的学习目的、学习地点和学习内容。在书写中,申请人应尽量避免使用过于专业的术语,以免造成理解障碍。如果签证官对其中某项课程提出疑问,那么申请人还应就选择课程的原因和自己从课程中学到的东西向签证官作出解释。此外,申请人还要详细讲明留学结束之后的打算。留学计划是签证申请的核心信息,留学生务必仔细填写并思考签证官可能会问到的问题,以便更好地应答。

(4)有序地提交必须的、整理好的文件。遵循下列指导将保证申请人的申请能及时得到处理:只提交要求提交的文件,不能漏交也不能多交;所有的文件应当按照合理的顺序排列,严谨认真是申请人给签证官的第一印象;在提出签证申请之前,申请人不要将文件寄往签证处;在递交签证申请之前,申请人应仔细阅读签证申请表格上的所有相关信息并认真填写;不要使用回形针、订书针或文件夹来整合需要递交的文件。①

(5)注意和护照相关的细节。护照必须随着签证申请一同递交;申请人在爱尔兰居留的预计期限届满时,护照必须还有六个月以上的有效期;申请人应当提供显示过去的入境记录的护照的复印件,包括所有的页面而不仅仅是那些有效的签证的页面;只有在递交了护照之后,签证才能签发;如果申请人持有的是换领护照,则必须递交原来的护照的复印件;关于原来的护照的警察报告的复印件,申请人应当就为何持有换领护照作出清楚的解释。②

---

① 信息来源:https://visa. liuxue86. com/v/2992881. html, viewed at 1st September 2019。
② 信息来源:http://edu. people. com. cn/GB/22224/3643533. html, viewed at 1st September 2019。

六、留学生管理机构

在去爱尔兰留学前,申请者必须和目标院校取得联系,以便确定相关事宜。好在现在网络发达,留学生可以很方便地从各个学校的官网上获取信息。此外,大多数学校也有 Facebook 和 Twitter 账号,学生可以到此类社交媒体上关注心仪的学校并通过社交平台进行咨询。

爱尔兰没有统一的国家留学生管理机构,留学生的管理由各学校自行负责。本部分以几个学校为例,简要介绍其管理机构和联系方式。

(一)中等院校

此处以劳伦山女子中学(Laurel Hill Coláiste FCJ)为例进行说明。

(1)官方网站:http://www.laurelhillcolaistefcj.ie/

(2)联系邮箱:reception@laurelhillcolaistefcj.ie

(3)联系电话:+353(0)61 313636

(4)Facebook:https://www.facebook.com/laurelhillcolaistefcj

(5)Twitter:https://twitter.com/LHCfcj

(二)高等院校

此处以爱尔兰国立大学(高威)为例进行说明。

本科生的申请(临床医学除外)可以直接向国际事务处(International Affairs Office)提出。

(1)官方网站:http://www.nuigalway.ie/international-students/contacts.html

(2)联系邮箱:international@nuigalway.ie

(3) 联系电话：+353(0)91 49 5277

研究生的申请需要通过研究生申请中心(PAC)的网站(www.pac.ie)在线进行提交。

(1) 官方网站：http://www.pac.ie
(2) 联系邮箱：pmehelp@pac.ie
(3) 联系电话：+353-(0)91-549260
(4) 传真：+353 91 563056

七、留学服务机构

自中国和爱尔兰于2012年3月28日建立互惠战略伙伴关系以来，双方大使馆各自设立了专门的留学服务机构，以方便两国留学生办理留学事项。

(一) 中国留学服务机构

中国驻爱尔兰大使馆教育组的主要工作是促进中爱两国的教育合作和人文交流，推动共建"一带一路"教育行动，促进中爱校际合作、汉语教学国际推广、留学生服务管理等工作。

(1) 联系人：
郑大伟老师
(2) 办公地址和邮寄地址：
Education Section
Embassy of the People's Republic of China in Ireland
40 Ailesbury Road, Dublin 4, Ireland
D04 YR83
(3) 电话：00353 1 2690041
(4) 传真：00353 1 2605789

(5) 电子信箱：eireducation@yahoo.com

（二）爱尔兰留学服务机构[①]

爱尔兰教育推广署(Education in Ireland)隶属于爱尔兰大使馆商务处，它在爱尔兰贸易与科技部和爱尔兰教育与技能部的领导下，总领爱尔兰国家文化与教育在中国的宣传工作以及爱尔兰高校在中国的推广工作。爱尔兰教育推广署致力于推动爱尔兰院校和中国高校之间的合作，它为广大学生和家长提供了更详实的爱尔兰留学信息，并指导其做好行前准备工作，以便申请者更好地适应爱尔兰当地环境。

自2014年9月设立以来，爱尔兰教育推广署创建了留学爱尔兰中文网站(www.educationinireland.cn)和"爱尔兰教育推广处"官方微博，它与17所参与院校共同发起了"爱心奖学金项目"(Claddagh Scholarship Program)，帮助超过200名学生获得了总额超过70万欧元的学费减免。爱尔兰教育推广署的工作重心还包括为爱尔兰院校物色适宜的中方合作院校并协助建立合作项目。目前，爱尔兰教育推广署已经在除北京和上海以外的10余个重点城市举办了"爱尔兰主题日"活动，该活动旨在建立校际联系与合作，同时它通过讲座、爱尔兰文化表演等形式的学生活动来提高爱尔兰的知名度，从而让爱尔兰成为有留学意向的学生心目中的重要选择。

最后，爱尔兰教育推广署也积极组建归国校友网络。爱尔兰中国校友会(微信公共账号为ICAN)于2014年10月成立，其通过组织线下社交与职业发展相关活动、线上职位信息发布

[①] 信息来源：http://www.educationinireland.cn/about_us.html, viewed at 1st September 2019。

等形式助力归国校友的职业发展。目前,已有超过 2000 名爱尔兰归国校友(包括爱尔兰在华毕业生)在校友会注册。

八、行前准备[①]

(一) 准备充足的留学费用

(1) 学费[②]

多元化的留学收费结构使爱尔兰在众多国外留学目的地中具有很强的吸引力,但爱尔兰的课程费用并不统一。商业、法律、科学、工程和艺术专业的费用都各有不同。根据大学和课程的不同,留学费用每年约 8000 欧元至 15000 欧元。

(2) 一次性费用

除学费外,学生在爱尔兰期间可能还需支付几项一次性费用(该费用只需一次支付完毕,不需要定期支付)。留学生可以根据自身需要列出需支付的费用,并估算出总额。付费项目主要有签证申请、旅游保险、医疗保险、行李邮寄费、警方注册、电视、移动电话和租房押金。

如果租借的房屋属私人所有,那么留学生可能需要支付租房押金。押金的数额通常相当于四周的房租。当留学生搬离出租屋时,押金将全部退还给学生个人。如果房屋中的物品有损坏,那么押金将被扣除一部分。[③]

---

① 王恒:《留学爱尔兰必备常识》,北京:中国四达国际经济技术合作公司,2005 年,第 31—33 页。
② 信息来源:http://www.educationinireland.cn/how_to_apply_and_get_a_visa/fees.html,viewed at 1st September 2019。
③ 信息来源:http://www.educationinireland.cn/must_know_before_departure/predeparture/living_costs.html,viewed at 1st September 2019。

(3) 医疗保险

中国学生在爱尔兰校外无法享受免费医疗服务,因此必须购买个人医疗保险。留学生在爱尔兰看病就医时,所有医疗机构都会收取高昂的费用,所以留学生一定要购买适当的医疗保险。在向移民局登记时,中国学生必须出示购买医疗保险的证明。医疗保险证明也是申请学生签证的必要文件。

购买个人医疗护理保险倒是一个不错的建议。这样,如遇身体不适而需要选择医院、医生和住院环境时,学生可以有更多的自由。[1]

(4) 生活费

去爱尔兰留学之前,学生应确保有充足的费用支付生活开支。在申请签证时,学生应向签证官证明自己有能力支付这些费用。尽管学生在求学期间可以从事兼职工作,但兼职获得的薪水不足以负担所有的生活费用。

学生的确切开支取决于他们就读的地区、住宿类型和个人生活方式。据估计,学生的年均开支在 5000 欧元至 11000 欧元之间。[2]

(二) 选择合适的住宿方式

在爱尔兰高校就读时,学生在住宿方面有多种选择。有的学生选择住在校园宿舍。许多高校都配有宿舍和齐全的生活设施,如商店、餐厅等。学生可向高校咨询宿舍情况及申请事宜。

如果学生想有独立的空间并希望自己照顾自己的生活,那

---

[1] 信息来源: http://www.educationinireland.cn/must_know_before_departure/predeparture/health_insurance.html, viewed at 1st September 2019。
[2] 信息来源: http://www.educationinireland.cn/must_know_before_departure/predeparture/living_costs.html, viewed at 1st September 2019。

么可以选择租房居住。通常,几名学生会共同租赁一幢房子。

有些初来乍到的外国学生也会选择"寄宿家庭"(哪怕只是住一段时间),以便更好地融入爱尔兰当地生活。在寄宿家庭中,学生既有自己的个人空间,也能享受到居家的舒适(也须遵守一定的规则),还能在家庭环境中学会如何适应国外生活。通常,留学生有属于自己的房间,有早晚餐供应,费用为每周 125 欧元至 180 欧元。

大多数爱尔兰高校都设有"学生住宿办公室",其职能是协助外国留学生寻找合适的宿舍。学生也可以通过当地报纸和房产中介来寻找住处,或是浏览 Daft.ie、MyHome.ie 等网站来寻找住处,这些网站上通常都会有大量租房信息。但是,有一点需要注意,即长期住宿的房屋是无法提前保留的,在没收到租金的情况下,房东不会为租客保留房间。①

(三) 因天气制宜②

爱尔兰的气候就像爱尔兰人一样活泼多变、不可预测。你可能会在雨中舞蹈,也可能要忍耐狂风肆虐。不过,阳光从未远离爱尔兰这片土地!

爱尔兰的气候温和、潮湿、多变,降水量大,没有极端气温。如果运气不好的话,你在一天中可能会经历四个季节!

爱尔兰岛终年受到墨西哥湾暖流的影响。因此,与同一纬度的其他国家相比,爱尔兰的气候更为温和。正是基于这个原因,爱尔兰的海岸整个冬天都不结冰。

---

① 信息来源:http://www.educationinireland.cn/must_know_before_departure/predeparture/accommodation.html,viewed at 1st September 2019。
② 信息来源:http://www.educationinireland.cn/must_know_before_departure/predeparture/climate.html,viewed at 1st September 2019。

在爱尔兰的冬日里,极寒天气很少出现。比起忍耐冰天雪地的严寒,人们更多时候沐浴着温暖的阳光。爱尔兰的冬季平均气温在华氏 40 度(摄氏 5 度)至华氏 46 度(摄氏 8 度)之间。

爱尔兰的夏季平均气温在华氏 60 度(摄氏 15 度)至华氏 70 度(摄氏 20 度)之间。爱尔兰的夏天降水较多。得益于丰沛的降水,爱尔兰的草坪终年绿草如茵。夏天出门时,别忘记携带雨具和羊毛衫!

九、到达及注意事项[①]

(一)机场与交通

爱尔兰有三座国际机场:都柏林机场、科克机场和香农机场。学生可以选择其中任何一座机场入境。每个机场都有公交、出租车和租车服务。到达当晚,如果学生打算在机场附近的旅馆入住,那么必须提前预定。许多旅馆都在机场配有接驳车,有预定需要的学生可提前和旅馆确认。

爱尔兰铁路公司、Bus Éireann 和私营长途汽车公司向旅客提供各类公交与铁路服务,旅客能够被送达全国各地的城市。

在三座国际机场内,旅客还可乘坐爱尔兰航空公司(Aer Lingus)、瑞安航空(Ryanair)与阿伦航空(Aer Arann)的班机前往爱尔兰内陆机场。

(二)移民警察局注册

所有非爱尔兰国家的公民——无论是来自非欧盟国家、欧

[①] 信息来源:http://www.educationinireland.cn/must_know_before_departure/on_arrival.html,viewed at 1st September 2019。

洲经济区还是瑞士——在抵达爱尔兰并完成高等院校入学注册后,都必须前往警察署国家移民局(Garda National Immigration Bureau)进行登记。国家移民局将向非爱尔兰国家的公民签发居留许可卡。居留许可卡的费用为300欧,这笔费用必须用信用卡、激光卡或银行转账支付,不接受现金付款。

(三)银行开户

爱尔兰有现代化的金融服务系统,银行服务快捷方便。城市和小镇中随处可见ATM机,国际信用卡及其他金融支付手段都被广泛接受。爱尔兰银行服务费因行而异,各不相同,但许多银行会为学生提供优惠价,有些银行甚至免费提供服务。所以,在开设账户之前,学生不妨先四处逛逛,血拼一番。

在到达爱尔兰后,学生应立即开设银行账户。开户时,学生需提供两类身份证明文件。银行有义务验证开户者的身份和住址,这两类信息不能使用同一个文件来证明。银行对身份证明有最基本的要求。出于谨慎,银行在收到证明后会进一步核实学生的身份信息。

学生可提交以下证件来证明自己的身份:

(1)有效期内的护照、驾照或身份证;

(2)由移民署签发的贴有照片的身份认证表。

学生可提交以下文件来证明自己当前的住址:

(1)公用事业费账单(如煤气费、电费、电话费或移动电话费账单);

(2)由就读的高等教育机构提供证明信来证明学生是最近到达爱尔兰开始学业的,因此其暂时可以不提供在爱尔兰的地址(可日后再提供地址)。

如开立的银行账户要支付利息,则学生还需提供自己的个人公共服务号码(Personal Public Service Number)。

(四) 报到及新生入学

入学报到是国际学生与爱尔兰高校之间进行的第一次面对面接触,入学报到的作用包括:

(1) 向入学新生表示欢迎;

(2) 帮助新生熟悉高校的设施和服务;

(3) 向学生介绍高等教育机构的框架和流程;

(4) 使国际学生知道在爱尔兰求学期间何处可寻得指导和帮助。

"迎新日"活动在每学年开始时举行,旨在帮助学生熟悉校园生活和服务设施。部分高校还根据课程组织迎新活动,并带领学生参观图书馆和体育中心。参加"迎新日"活动倒是一个好建议,学生可以更好地适应校园生活。

第八章 爱尔兰办学服务信息

一、各级主管部门（网站、负责人等相关信息）

爱尔兰教育与技能部是合作办学事宜的总主管部门，其网站上详细地介绍了爱尔兰教育系统的现状、目标、政策等方面的信息。有意向开展合作办学的高校应先到爱尔兰教育与技能部的网站上查看具体的政策法规后，再决定是否进行合作办学。

（一）网站：

https://www. education. ie/en/The-Department/Management-Organisation/International. html

（二）电话：(01)889 2414

随着中爱合作办学热潮的兴起，爱尔兰在中国也设置了办事处，以方便学生办理留学事务。爱尔兰教育推广署就是在这样的时机下成立的负责提供留学信息和办学服务的机构，它隶属于爱尔兰大使馆商务处，现任负责人是杨杰。爱尔兰教育推广署的联系方式如下：

(1) 邮箱：peter. yang@enterprise-ireland. com

(2) 电话：010 8448 4203

(3) 手机：139 1128 2136

二、政府间合作办学政策

目前,爱尔兰指引政府间办学的主要政策文件是《爱尔兰国际教育战略 2016—2020》。该政策文件提到,爱尔兰政府拟将本国建设成国际一流的留学中心,不仅要让越来越多的学生接触到爱尔兰优质的教育资源,还要推动爱尔兰各高校积极探索与海外高校开展富有成效的合作办学项目。在这一指导思想的指引下,爱尔兰有更多的高校走了出去,它们和世界各国高校的交流越来越多。

同样地,在"一带一路"的时代背景下,中国高校也在积极地与世界各国高校加强联系,以进行全方位的深入交流与合作,这其中自然包括与爱尔兰高校的联系。近年来,中爱合作交流日益频繁。2019 年恰逢中爱建交 40 周年,中爱双方在教育领域的合作成果颇丰。在爱尔兰教育推广署的推动下,爱尔兰院校也积极加强与中国相关教育部门的联系与合作。截至 2018 年 10 月 29 日,爱尔兰高校与中国高校已拥有 3 个合作办学机构和 63 个中外合作办学项目,其中多数项目为中国学生提供本科阶段"3 + 1"和"2 + 2"的学习交流机会。[1]

2018 年 12 月 18 日,中爱两国在爱尔兰首都都柏林签署合作备忘录。甲方为中华人民共和国教育部学位与研究生教育发展中心,乙方为爱尔兰资质认证部(Quality and Qualification Ireland)。学位中心是中华人民共和国教育部直属的行政事业单

---

[1] 信息来源:http://paper.people.com.cn/rmrbhwb/html/2018-10/29/content_1889091.htm,viewed at 1st September 2019。

位,其主要业务包括:开展面向高校的学位与研究生教育的评估、评审及研究;组织中国与其他国家的学位对等性研究;提供学位证书及相关材料的认证、鉴定和咨询等服务。爱尔兰资质认证部是一个独立的政府机构,其负责爱尔兰国家资质框架下的高等教育、继续教育以及外部培训机构的质量保障工作。同时,爱尔兰资质认证部也负责制定国家资质框架的管理方法以及相关的奖励措施。此外,爱尔兰国家资质认证部负责为国际学生的教育和培训项目制定"国际教育标志"、开发项目以及建立资质数据库。中国学位中心和爱尔兰国家资质认证部在保障高等教育质量提升方面有相似的目标,且双方均希望继续深化文本所列条款内的合作。中国学位中心与爱尔兰国家资质认证部同意通过签署本谅解备忘录以实现如下目标:为双方的共赢而合作,促进彼此权限范围内的质量保障工作和提高中国与爱尔兰的高等教育质量。尤其重要的一点是,双方将朝着加强跨境高等教育质量保障的方向而努力。为此,中国学位中心与爱尔兰国家资质认证部将在遵守中国和爱尔兰的法律法规之基础上,追求以下互惠互利的目标,以致力于保障中爱跨国教育的质量:

(一)相互理解

双方致力于加强对彼此的高等教育质量保障方法、高等教育质量保障体系和高等教育质量提升体系、高等教育质量及标准的关键因素之理解。

(二)信息交流

双方交换非机密信息,并就各自的活动和过程、国家高等教育体系的发展等进行信息交流,包括提供中爱合作办学评估信息,以及在建立中国境内的中爱办学合作和提供爱尔兰的跨国教育基本信息方面开展合作。

(三) 员工发展

在适当和可能的情况下,双方通过员工之间的交流、评审程序的彼此观察和培训课程的开设来支持两个机构的工作人员的个人长远发展。

(四) 评审员的使用

在适当和可能的情况下,双方使用彼此体系下的评审员或其他专家,以扩展彼此评审过程的国际维度和提供相互借鉴。

(五) 合作[①]

在适当和可能的情况下,为了共同利益,双方就互相商定的项目和活动开展合作,并就有关跨境教育质量保障的问题开展研究和实质性合作。双方将特别聚焦于以下合作:

(1) 中爱合作办学项目和机构教育质量保障的研究;

(2) 中方为中爱合作办学高校提供政策咨询,以促进办学合作和提升办学质量;

(3) 共同积累经验,为推动亚欧高等跨境教育质量保障网络组织的活动发挥积极作用;

(4) 共同推进"一带一路"沿线国家研究生教育发展、学历学位互认、学分转换等方面的探索性合作。

备忘录的签署标志着中爱合作办学进入了一个新阶段,它为中爱合作办学制定了一个切实有效的文件。在可预见的未来,中爱合作的办学活动会越来越多,办学范围也会越来越广泛。

---

① 信息来源: https://www.qqi.ie/Downloads/3.合作备忘录_NEW_updated on 1218.pdf, viewed at 1st September 2019。

三、社会资本办学政策

随着备受瞩目的英国脱欧问题逐渐进入实质性阶段,欧洲政治经济格局也将发生重大变革。在众多经济态势和意识形态的碰撞中,全新的发展方式和经济结构可能会在欧盟诞生,我们称其为"后欧盟时代"。更多欧盟成员国的脱欧声音以及英国脱欧后对欧洲经济形态的影响将导致欧洲各国发展思路的重大调整和变更。可以预见的是,爱尔兰的变化将是最为引人注目的。爱尔兰将成为境外资本进入欧洲的重要通道。爱尔兰政府也在世界范围内不遗余力地塑造"欧洲重要的经济通道"这一国家形象,并且其已经开始频繁地以"新欧洲金融中心"自诩。需要说明的是,爱尔兰这个国家非常善于操作多边关系,这使得爱尔兰能够得到来自欧盟、英国甚至欧盟外国家的多方支持(当然,这也依赖于爱尔兰和英国之间的一些历史渊源)。欧债危机之后,爱尔兰能够第一个从欧洲纾困机制当中脱离出来就很好地证明了这一点。英国脱欧后,爱尔兰将非常有可能取代英国在欧盟中的位置。事实上,在英国公投脱欧之前,英国国内像摩根士丹利、花旗银行等企业的欧洲公司就纷纷将其在英国的公司迁往爱尔兰。

另一方面,爱尔兰政府也在积极地推进可以有效利用自身优势的工作。作为目前欧盟国家中唯一一个以英语为母语的国家,爱尔兰在吸引国际资本、人才和项目方面本就具有得天独厚的优势,而爱尔兰政府正将这一优势进一步放大。优厚的税收政策和宽松的环境使得一大批大企业(如苹果、微软等)将欧洲总部落户爱尔兰。这无疑对日渐复苏的爱尔兰经济起到了重要的推动作用。

爱尔兰外交部发言人曾表示,在英国公投脱欧成功后,爱尔兰的护照办理数急剧增长。对于很多欧盟青年来说,他们仍希望继续享受欧盟成员国的待遇和流动自由。英国一旦彻底脱欧,对于很多希望留在英国的欧盟青年来说,无论是读书还是工作都会受到不同程度的限制,所以与英国有着千丝万缕联系的爱尔兰就成了他们的不二之选。

据报道,最近一段时间的英国国际学生数量下降了15%以上。与之相反,爱尔兰政府却采取了很多的政策,因此赴爱尔兰学习的国际学生人数激增。这也与爱尔兰经济发展过程中骤然增加的人才需求分不开。爱尔兰的留学优惠政策之一就是留学生在爱尔兰完成学业以后可以继续在爱尔兰工作两年。对于很多欧盟青年来说,选择去爱尔兰读书一方面降低了学习成本,另一方面也有助于他们将来能留下来工作。非欧盟学生来爱尔兰留学的数量也在增长,生源(按人数多少排列)主要来自于中国、印度、美国和加拿大。这些学生中的大多数人希望赴爱尔兰攻读硕士及以上学位。10%的欧盟成员国硕士和50%的本科生会选择在爱尔兰而非在英国完成学业。

同时,作为欧洲人口增长最快且最年轻的国家,爱尔兰本地高校的学生数量也在逐年增加。2017年,爱尔兰知名学府科克大学(University College Cork)的申请人数增长了40个百分点,都柏林大学(University College Dublin)的申请人数增长了26个百分点,圣三一大学(Trinity College Dublin)的申请人数也实现了历史性的增长。今后,爱尔兰高校留学生的数量预计将突破40000人。[①]

---

① 信息来源:http://nb.ifeng.com/a/20171117/6159692_0.shtml, viewed at 1st September 2019。

因此，作为欧洲新一轮的经济增长地，爱尔兰非常适合社会资本的进入。在教育领域，爱尔兰学校有公立和私立之分，公立学校是国家控股，私立学校则按投资额为各种资本分配股权。对于社会资本而言，爱尔兰有众多私立学校可供其投资。选择爱尔兰的私立学校进行投资时，投资者需要注意，不同的学校会推行不同的合作政策，投资者需要自行与合作院校进行商谈。因此，尽管对爱尔兰的私立学校进行投资是一种低风险高回报的行为，但毕竟是境外投资，投资方仍需小心谨慎，三思而后行。

四、申请办学流程

在爱尔兰申请办学的流程主要包括筹备设立工作和正式设立工作两大部分。

筹备设立工作的具体事项包括：申请报告、合作协议、资产证明、捐赠协议（如有）、启动资金到位说明。

筹备设立得到批准后，投资方就可以开始准备设立办学机构的相关事宜。正式设立工作的具体事项包括：正式设立申请书；筹备设立批准书；筹备设立情况报告；合作办学机构章程；理事会、董事会或联合管理委员会人员名单；机构资产有效证明；行政负责人、教师及财会人员的资格证明。

整个办学过程的设立过程都完成之后，新的办学机构就正式成立并可以开展各项办学工作了。

五、办学模式

爱尔兰的教育主要分为三个阶段，即第一级教育（初等教育六年)、第二级教育(中等教育六年)和第三级教育(高等教育)。其中,政府间合作办学集中于第三级教育,即高等教育的办学阶段,而社会资本办学则集中于第一级教育和第二级教育。

(一) 政府间合作办学模式

爱尔兰的高等院校主要由国立大学、理工学院以及私立高等院校和其他高等院校组成。

(1) 国立大学。爱尔兰共有7所大学。

(2) 理工学院。爱尔兰共有14所理工学院。

(3) 私立高等院校和其他高等院校。目前,爱尔兰比较有影响的私立高等院校有十余所。

(4) 其他高等院校包括爱尔兰国家警察学院、军事学院、公共管理学院、教育学院、神学院等。[1]

政府间合作办学主要在国立大学和理工学院间展开。学生既可以选择传统的学习方式(即在两校分别学习,毕业时可以拿到双文凭),也可以选择共建研究所、爱尔兰研究中心等新型的合作模式。

(二) 社会资本办学模式

爱尔兰中小学的类型有三种:一是公立+走读;二是私立+走读;三是寄宿学校。

社会资本创办的学校多为私立学校。私立学校之间最主要的区别在于走读和寄宿的形式。其中,走读学校需要安排校车和司机,还需要人员专门负责校外学生的接送安全;寄宿学校需要建设食堂和安排宿舍管理人员,低年级还可能需要学校额外

---

[1] 信息来源: http://ireland.lxgz.org.cn/publish/portal9/tab5351/info96080.htm, viewed at 1st September 2019。

设置课外辅导老师。根据爱尔兰政府规定,外资创办的中小学有一些限制,而且外资方代表需要长期驻守合资学校,以方便处理相关事宜。

综上所述,目前爱尔兰的办学主体有国家和个人两大阵营,在资金来源上有政府资金和个人或团体资金两种方式。爱尔兰并非传统移民国家,其对教育市场的外资投入额有所限制,因此国外资本在公立学校的股份中所占比例较小,国外资本基本上都集中在私立学校。此外,学校方面会要求境外投资者派代表驻校,以共同参与学校建设。总之,在爱尔兰办学并不是易事,投资者需要付出巨大的努力。

六、 特别注意事项

首先,在爱尔兰办学时,投资方需要注意宗教信仰问题。如爱尔兰国旗上的绿黄二色所示,爱尔兰人主要信仰天主教和新教。在爱尔兰办学时,投资者应注意规避宗教信仰所要求的行为禁忌,积极探索宗教在办学方面的积极意义,在办学使命、学校课程设置等方面开展有效行动,这样才能更好地服务当地人民。

其次,爱尔兰的高等教育普及率相当之高,高等教育发展很快。爱尔兰的《国际教育战略》提出了将爱尔兰建设成为世界一流的国际教育中心的宏大愿景。尽管如此,爱尔兰的法律和我国相去甚远,投资方在爱尔兰办学时同样需要注意这些差异,并在遵守爱尔兰法律的前提下开展各项办学活动。在办学过程中,投资方在筹备设立、正式设立和实际运营的每个阶段都应仔细研究爱尔兰的相关法律法规,切勿因违反法律法规而造成不必要的损失。

再次,爱尔兰是一个典型的包容性多民族国家,其民族呈现多元化的特点。在爱尔兰当前的民族构成中,爱尔兰人占 80% 以上,英格兰人和苏格兰人的占比紧随其后,此外还有越来越多的来自亚洲等地的移民。不同民族的学习基础、方法和特点都存在差异。在学校的课程设置和教学等环节中,创立者应考虑不同群体的需要。

最后,爱尔兰高等教育的综合实力虽然排在世界前列,但是爱尔兰院校在中国知名度不高。同样地,中国高校在爱尔兰的知名度也不高。在合作办学之后,加大宣传以吸引更多优秀人才前来就读和让中国的优质教育资源走出去是我们应该重点开展的工作。

七、办学风险评估[①]

合作办学虽说有诸多好处,但是其中的办学风险也不容小觑。尽力规避办学中的风险和最大化地实现合作共赢是摆在合作双方面前的重大挑战。具体来说,可预估的风险主要分为以下几类:

(一) 环境变动风险

由于国际局势变化、合作双方政府的宏观教育政策及合作办学法律法规的调整、合作院校的海外关系战略及人事变动等因素,合作双方在实际办学中可能面临的风险有很多。总的来

---

① 黄蔷:《普通高校中外合作办学项目的风险分析及规避策略研究》,太原:山西省教育厅,2015 年,第 108—111 页。

说，爱尔兰的政局在西方各国里算是比较稳定的。然而，欧盟未来的局势变幻莫测，处于全球化的经济浪潮之中的爱尔兰之发展必然少不了风风雨雨，投资方需要时刻注意和防范风险。

（二）合作不对等风险

根据中华人民共和国国务院 2003 年颁布的《中外合作办学条例》，中外合作办学的教学活动主要在中国境内完成，学校招收的学生主体也是中国公民。中方在合作办学的各个环节都投入了大量精力，而外方往往唯利是图，仗着较好的学术实力和学位标准，在办学过程中压榨中方。中爱合作表面上风平浪静，实则背后也暗流汹涌，具体的弯弯绕绕只有合作过的院校才心知肚明。

（三）文化差异风险

作为涉及多方利益主体的跨国家、跨文化、跨教育模式的新型合作办学形式，中外合作办学将因合作双方在文化传统、教育理念、教学目标、授课方式等方面存在着的较大差别而产生合作风险。中国是社会主义国家，爱尔兰是资本主义国家，中爱两国在意识形态方面有着本质的区别。中国的主要意识形态是以马克思主义为基础的中国特色社会主义，而爱尔兰是典型的天主教国家，90％以上国民是天主教徒，中爱双方在此方面有极大差异。办学双方会因文化差异而产生剧烈冲突，只有在互相尊重和理解的基础上求同存异才能降低这一风险，进而才能谋求更宽领域的合作和发展。

（四）招生风险

作为高等教育办学模式中的新生事物，中外合作办学符合了某些人"曲线留学"的需求。这些人对学历的渴望使他们不惜为此投入大量资金，这也在某种程度上助长了中外合作事业的野蛮生长。某些外国高校在中国连锁店式地进行低成本办学模式的复制,再加上一些中介机构助纣为虐式的一条龙包办服务,这些行为致使很多合作办学项目实际质量堪忧。在这样的恶性竞争下,中外合作项目目前面临两个困境,一是招到的学生数量有限,二是招收的学生普遍质量不高。

(五) 学生管理风险

中国的高等院校和爱尔兰的高等院校在教育学生的理念和实践方面有如下诸多差异与差距:中国高校"严进宽出"和国外高校"宽进严出"的理念差异;项目的高收费与社会各界对项目的高期望值和项目质量之间的差距;以高专业绩点和高外语成绩为导向的高强度课程体系与通过降低批次调剂志愿招收的低质量生源之间的差距。这些也是家长与中外合作办学的学校之间纠纷与冲突频发的主要原因。

(六) 教学风险

中外双方在教学大纲、培养方案、教学方法、教材资料和考核方法上很难形成统一意见,双方在实际的教学活动中各自为政。所谓外教,实际上就是随机外派人员,这类群体的流动性大,课程很难形成统一的体系,因此其系统化的正面教学效果也很难显现。由于文化差异和语言障碍等因素,中外教师之间的交流意愿低。若双方在某些专业问题上各执一词而又不愿意去沟通和解决,那么学生很容易产生困惑,这将不利于教学活动的顺利开展。

(七) 内部管理风险

中外办学项目依附于高校而存在,因此高校内部的人员组织结构调整会对其产生巨大影响。因为合作办学涉及合作院校双方,其风险至少是普通高校的两倍,所以任何一方的重大人事变动都会影响到中外办学项目的成败。这些潜在的危机即使当下并未影响到已经入学的学生,将来也有可能影响到招生,严重的话,中外办学机构甚至面临被教育部取消招生资格的风险。

(八)诉讼风险

中外合作办学是一项政策依赖性很强的办学活动,它同时受到多种政策(如中外合作办学政策、学位学历管理政策、外教政策、外汇管理政策和税费政策、世界贸易组织框架下的教育服务贸易政策等)的影响和制约。政策的叠加只会让这一行为变得更复杂,适用于某一政策情况的行为在其他情况下就不适用,合作双方不能不分青红皂白地张冠李戴。在这样的背景下,很多平时可以分清的权利义务主体就会变得模糊,而一旦发生法律风险,跨国诉讼案也会变得极为难打,最后投资方不得不承受损失。

(九)财务风险

在教育主管部门及社会的普遍观念里,中外合作办学的项目及由此建成的机构定位不明。中外合作办学的公益性定位与外方加盟的功利性目的之间存在矛盾,项目高昂的成本和巨大的开销之间存在冲突,这些都无一不使合作办学原本就艰难的发展现状雪上加霜。此外,国际间的资金流转不可能像在国内一样流畅和顺利,中外合办的项目有可能出现经常性赤字,甚至面临破产的威胁。

(十)不可抗力风险

除了以上风险,一些不可抗力(如地震、洪水、战争等天灾人祸)也会给办学项目带来风险。这些不可抗力的情况可能不多,但是一旦发生,造成的损失是不可估量的。投资方必须要未雨绸缪,把风险降到最低。

八、合作办学成功案例

近年来,中国和爱尔兰的合作办学项目越来越多,其中也不乏成功的典范。本部分简要介绍一下与爱尔兰高校合作密切的三所中国大学。

(一) 华东师范大学

2019年3月21日,爱尔兰科克大学校长帕特里克·奥谢(Patrick O'Shea)一行来到华东师范大学。两校共同签署合作备忘录,并为华东师范大学-科克大学国际关系与区域研究联合工作室揭牌。

会谈中,华东师范大学校长钱旭红首先对帕特里克·奥谢一行的来访表示欢迎,钱校长接着介绍了学校的整体情况、特色发展以及代表性学术人物,其中着重介绍了以"爱在师大"誉名、致力于为全人类提供幸福解决方案的华东师范大学在社会服务、人才培养等领域的工作概况。钱旭红校长指出,学校高度重视国际化发展,并将其列为学校的三大发展战略之一。近年来,华东师范大学同世界各地的高水平大学开展了全方位、多维度的合作,并且华东师范大学期待未来与科克大学的合作不断深化,两校能共同携手推进双方的发展进步。

帕特里克·奥谢表示,科克大学与华东师范大学有着共同的愿景与目标,并且都高度重视人才培养。特别突出的是,在信息化时代的教育变革浪潮中,科克大学更关注如何培养具有人文情怀、不断追求卓越、为社会创造价值的优秀人才,以期在不断超越界限的全球环境下,为构建更美好的未来发挥重要作用。帕特里克·奥谢指出,国际化也是科克大学始终秉持的发展战略,基于中爱两国的友好交往,科克大学格外重视与中国高校的合作,希望能以本次访问为契机,互学互鉴,携手共谱合作新篇章。

会谈间,双方共同签署合作备忘录,并为华东师范大学-科克大学国际关系与区域研究联合工作室揭牌。

访问期间,代表团与刘军等人进行了深入交流讨论,初步拟定将依托联合工作室来开展师生交流交换,并把研究生联合培养作为下一阶段的重点合作领域。代表团与华东师范大学高级管理者发展与培训中心主任黄健等人交换意见,探讨了终身教育领域的访问学者定向培训、联合学术工作坊等合作事宜。[1]

创办联合研究工作室是一种办学形式。本质上来说,合作双方为了完成科研项目而一起共事,但随着科研的深入,他们必然会互派留学生以培养为合作项目服务的具有国际视野的人才。因此,创办联合研究工作室是一种便宜而有效的办学模式:一方面,它不直接招生,这节约了成本;另一方面,从学生中选拔优秀人才进行培养可以规避一部分的招生风险,也保证了生源质量。这一模式值得大力推广。

(二) 大连外国语大学

2017年10月16日上午,大连外国语大学爱尔兰研究中心的揭牌仪式在大连外国语大学图书馆举行。作为大连外国语大学"第二届国际教育交流周"启动仪式的重要组成部分,爱尔兰国家学院副校长吉米·希尔(Jimmy Hill)以及大连外国语大学校领导刘宏、王伟辰、姜凤春、汤尔利、徐浩特、金传一和学校各职能部门与院系的领导参加了此次爱尔兰研究中心揭牌仪式。

---

[1] 信息来源:https://29nh.cn/ecnu/xinwengonggao/16387.html, viewed at 1st September 2019。

仪式伊始,大连外国语大学副校长姜凤春和爱尔兰国家学院副校长吉米·希尔分别致辞,各自表达了他们对爱尔兰中心的殷切期望和坚定信心。随后,大连外国语大学校长刘宏和爱尔兰国家学院副校长吉米·希尔共同为爱尔兰研究中心揭牌。揭牌仪式后,大连外国语大学英语学院的学生代表为与会嘉宾带来了一场别开生面的爱尔兰经典歌曲盛宴。

大连外国语大学爱尔兰研究中心是东北三省唯一一所爱尔兰研究中心,也是大连外国语大学配合国家"一带一路"战略、积极开展国别和区域研究的重要举措之一。"一带一路"国家战略的实施,为中国深度参与全球治理搭建了新的平台,也对我国国际化人才培养和科学研究提出了新的要求。就当前的形势而言,国别和区域研究既是大学研究职能的重要拓展,也是大学服务国家"走出去"战略和外交战略的迫切需要。

爱尔兰研究中心正是大连外国语大学在秉承"开放办学"的国际化办学理念和积极加强国际合作与科研平台建设的基础上建成的国别和区域研究中心之一。该中心依托大连外国语大学英语学院的英语语言文学学科优势,旨在通过对爱尔兰文学、文化、历史、政治、经济、国际关系等领域开展多层次、多角度的跨学科研究来促进中爱两国高校之间在师生交流、联合培养、合作研究等方面的互惠共赢。

多年来,中爱两国在人文交流等领域一直保持着良好的合作关系,大连外国语大学爱尔兰研究中心的成立将进一步推动中爱文化交流,增强两国政府和人民之间的政策沟通与民心相通。加强与爱尔兰高等院校的深度合作将会使中爱高等教育合作成为大连外国语大学教育国际化新的增长点。爱尔兰研究中心的成立对促进学校高等教育交流与合作国际化、实现"十三五"跨越式发展具有重要意义。①

爱尔兰研究中心在高校的建立是一种高层次的合作办学模式。有了这个研究中心,就有了吸引诸多爱尔兰高校前来洽谈的可能性,从而把合作的可能性从一所院校扩大到了整个爱尔兰。可以说,爱尔兰研究中心的成立给大连外国语大学带来了无限的合作可能,这确实是一招妙棋。

(三) 厦门大学

为革新人才培养模式和提升国际化办学水平,厦门大学与爱尔兰都柏林商学院合作举办了会计学、金融学等专业的本科教育项目。该项目引进都柏林商学院的本科学士学位课程、教学计划及教学模式,结合厦门大学的学科优势,制订双方共同认可的课程设置和教学计划,探索既有中国特色又融合国外教育特点的国际化人才培养模式。该项目的毕业生因卓越的英语语言能力和综合专业技能而获得了国内社会及国外大学的广泛认可。厦门大学本科阶段的学制是四年。在厦门大学完成前三年的课程学习后,学生可选择到爱尔兰都柏林商学院学习最后一年的本科课程。完成全部中外学习计划后,厦门大学向学生颁发普通高等教育本科毕业证书和学士学位证书(毕业证书上注明"中外合作办学"),而都柏林商学院会为学生颁发荣誉学士学位证书(Bachelor of Arts with Honours)。除了出国这个选择之外,学生也可选择四年都在厦门大学学习。在完成全部学习计划后,厦门大学也会为学生颁发普通高等教育本科毕业证书

---

① 信息来源: http://news.dlufl.edu.cn/bignews/20171020/news59335.html, viewed at 1st September 2019。

和学士学位证书(毕业证书上注明"中外合作办学")。①

厦门大学与爱尔兰都柏林商学院的合作办学是传统意义上的合作办学。在各种新型合作办学模式层出不穷的今天,传统意义上的合作办学仍然具有很大优势,它是被实践证明的、截至目前最行之有效的办学模式。在下一个流行模式出现之前,这一模式还将继续推行。

九、中资办学情况

中资在爱尔兰办学的历史并不长。中爱于 1979 年建交,至今不过 40 年。建交初期,受到冷战思维影响,中爱双方往来不多,教育合作几乎为零。在"凯尔特之虎"时期,中爱双方贸易往来逐年增加,各领域的合作开始缓慢增长,教育合作也才有了一点发展势头。

目前,中资还尚未实现在爱尔兰独立办学,双方合作仅限于高校联合办学,多数采取"X+Y"模式,即前 X 年在国内培养,学生通过雅思考试并取得相应分数后即可出国,后 Y 年在爱尔兰培养。在这种模式下,学生可获得两国的毕业证书和学位证书,国际认可度较高,学生无论是选择就业还是选择继续深造都能有较好的发展前景。

这种模式看似完美,但实际上存在一些问题,如学费高昂、对雅思的成绩要求高、学生在学习专业知识的同时还要学习英语、课业负担重、留学后难以适应当地学习生活等。

---

① 信息来源:http://sz.xmnn.cn/home/article/detail/id/3804.html,viewed at 1st September 2019。

目前,我国国内已经有了几十个发展比较成熟的中爱合作项目,中爱双方的学籍互认合作十分顺畅,可行性很高。但是,这种合作体制还有待改进与完善,合作院校应多注重学生利益,并力所能及地为学生提供便利,不要把中外合作项目当成学校的创收项目。合作院校应该"以人为本,不忘初心",以为中外社会输送优秀毕业生为目的进行办学。

参考文献

Abrams, M. H. *A Glossary of Literary Terms*. 7th ed. Beijing: Foreign Language Teaching and Research Press, 2004.

Biedermann, Hans. *Dictionary of Symbolism*. Trans. James Hulbert. New York: Facts On File, Inc. , 1989.

Bulfinch, Thomas. *Bulfinch's Mythology*. New York: Gramercy Books, 1979.

Dolan, Terence Patrick, ed. *A Dictionary of Hiberno-English*. Dublin: Gill & Macmillan Ltd, 1999.

Foster, R. F. , ed. *The Oxford History of Ireland*. Oxford: Oxford University Press, 1989.

Freeman, Philip. *Celtic Mythology: Tales of Gods, Goddesses, and Heroes*. New York: Oxford University Press, 2017.

Moody, T. W. , and F. X. Martin ed. *The Course of Irish History*. Cork: The Mercier Press, 1984.

óCorráin, Donnchadh and Fidelma Maguire. *Irish Names*. Dublin: The Lilliput Press, 1990.

Richard, Barlow. *The Celtic Unconscious: Joyce and Scottish Culture*. Notre Dame: University of Notre Dame Press, 2017.

The King James Study Bible. King James Version. Nashivelle: Thomas Nelson Publishers, 1988.

The New Encyclopædia Britannica. 30 Vols. Chicago：Encyclopædia Britannica, Inc., 1984.

《不列颠百科全书》(国际中文版,20卷),北京：中国大百科全书出版社,2002年。

陈智峰：《爱尔兰和新西兰幼儿园体育教育研究及对大陆的启示》,西安：体育世界杂志社,2017年。

董会庆：《爱尔兰高等教育国际化策略鉴析》,北京：教育部教育信息管理中心,2009年。

段宝林：《非物质文化遗产精要》,北京：中国社会出版社,2008年。

冯建明：《乔伊斯长篇小说人物的变形》,北京：外文出版社,2005年。

冯建明：《乔伊斯长篇小说人物塑造》,北京：人民文学出版社,2010年。

冯建明主编：《爱尔兰作家和爱尔兰研究》,上海：上海三联书店,2011年。

冯建明：《爱尔兰的凯尔特文学与文化研究》,北京：人民文学出版社,2016年。

何义：《她要转学回中国——兼谈中国与爱尔兰基础教育之优劣》,北京：教育部基础教育课程教材发展中心,2018年。

胡恒波：《爱尔兰学前教育的政策、举措及启示》,广州：广州教育科学研究所,2002年。

黄蔷：《普通高校中外合作办学项目的风险分析及规避策略研究》,太原：山西省教育厅,2015年。

郭国荣主编：《世界人名翻译大词典》,北京：中国对外翻译出版公司,1993年。

[英]罗伯特·基：《爱尔兰史》,潘兴明译,上海：东方出版中心,2010年。

蒋孔阳、朱立元主编：《西方美学通史》(7卷),上海：上海文艺出版社,1999年。

李广华、王铁成：《爱尔兰职业教育经费特征研究与启示》,晋城：晋城职业技术学院出版社,2017年。

李华：《爱尔兰政府发布学龄儿童托管教育计划》,北京：教育部教育信息管理中心,2017年。

[爱尔兰]托马斯·罗尔斯顿:《凯尔特神话传说》,黄悦、王倩译,西安:陕西师范大学出版社总社有限公司,2013年。

王丹、吴迪、盛子强:《爱尔兰现代职业教育体系发展历程及对我国的启示》,南昌:江西师范大学出版社,2015年。

王恒:《留学爱尔兰必备常识》,北京:中国四达国际经济技术合作公司,2005年。

夏征农主编:《辞海》[1999年版缩印本(音序)],上海:上海辞书出版社,2002年。

熊岚:《欧盟委员会推出未来学习包》,北京:教育部教育信息管理中心,2018年。

延凤宇:《爱尔兰职业教育与培训制度改革及政策发展研究》,南昌:江西师范大学出版社,2019年。

张文杰:《爱尔兰成人职业教育与培训管窥》,北京:中华全国商业信息中心,2009年。

周定国主编:《外国地名译名手册》(中型本),北京:商务印书馆,1993年。

朱立元主编:《当代西方文艺理论》,上海:华东师范大学出版社,2005年。

http://www. gov. cn/xinwen/2019-01/30/content_5362423. htm, viewed at 1st September 2019.

https://www. fmprc. gov. cn/ce/ceie/chn/zagx/t1561859. htm, viewed at 1st September 2019.

https://www. qqi. ie/Downloads/Understanding%20the%20NFQ%20-%20Interative%20Presentation. pdf, viewed at 1st September 2019.

http://www. oecdchina. org/topics/edu/edu_index. html, viewed at 1st September 2019.

https://zh. unesco. org/themes/education, viewed at 1st September 2019.

https://zhuanlan. zhihu. com/p/35705575, viewed at 1st September 2019.

http://www. educationinireland. cn/institutions/internationally_recognised_ qualifications. html, viewed at 1st September 2019.

http://www. educationinireland. cn/scholarships/scholarship. html, viewed at 1st September 2019.

http://www. educationinireland. cn/choose_ireland/having_fun_in_ireland. html, viewed at 1st September 2019.

https://www. sohu. com/a/210092270_155248, viewed at 1st September 2019.

http://dy. 163. com/v2/article/detail/D7L6APHC0518P442. html, viewed at 1st September 2019.

http://www. educationinireland. cn/how_to_apply_and_get_a_visa/undergraduate_application. html, viewed at 1st September 2019.

http://www. educationinireland. cn/how_to_apply_and_get_a_visa/postgraduate_application. html, viewed at 1st September 2019.

http://www. educationinireland. cn/how_to_apply_and_get_a_visa/english_language_courses_application. html, viewed at 1st September 2019.

https://visa. liuxue86. com/v/2992881. html, viewed at 1st September 2019.

http://edu. people. com. cn/GB/22224/3643533. html, viewed at 1st September 2019.

http://www. educationinireland. cn/about_us. html, viewed at 1st September 2019.

http://www. educationinireland. cn/how_to_apply_and_get_a_visa/fees. html, viewed at 1st September 2019.

http://www. educationinireland. cn/must_know_before_departure/predeparture/living_costs. html, viewed at 1st September 2019.

http://www. educationinireland. cn/must_know_before_departure/predeparture/health_insurance. html, viewed at 1st September 2019.

http://www. educationinireland. cn/must_know_before_departure/predeparture/living_costs. html, viewed at 1st September 2019.

http://www. educationinireland. cn/must_know_before_departure/

predeparture/accommodation. html, viewed at 1st September 2019.

http://www. educationinireland. cn/must _ know _ before _ departure/predeparture/climate. html, viewed at 1st September 2019.

http://www. educationinireland. cn/must_ know _ before _ departure/on _ arrival. html, viewed at 1st September 2019.

http://paper. people. com. cn/rmrbhwb/html/2018-10/29/content_1889091. htm, viewed at 1st September 2019.

https://www. qqi. ie/Downloads/3. 合作备忘录_NEW_updated on 1218. pdf, viewed at 1st September 2019.

http://nb. ifeng. com/a/20171117/6159692 _ 0. shtml, viewed at 1st September 2019.

http://ireland. lxgz. org. cn/publish/portal9/tab5351/info96080. htm, viewed at 1st September 2019.

https://29nh. cn/ecnu/xinwengonggao/16387. html, viewed at 1st September 2019.

http://news. dlufl. edu. cn/bignews/20171020/news59335. htm, viewed at 1st September 2019.

http://sz. xmnn. cn/home/article/detail/id/3804. html, viewed at 1st September 2019.

后 记

《当代爱尔兰教育概况》为国家社会科学基金课题"爱尔兰文学思潮的流变研究"(15BWW044)和教育部社会科学基金课题"2017年度国别与区域研究中心(备案):爱尔兰研究中心"(GQ17257)阶段性成果,也是上海对外经贸大学课题"外国语言文学高原学科培育项目'爱尔兰文学思潮的流变研究'"、上海对外经贸大学内涵建设课题"乔伊斯与爱尔兰非物质文化遗产"、"'一带一路'战略格局下的爱尔兰与中国关系研究"(YDYL2018020)、"内涵建设之学科建设"、上海对外经贸大学学位点专项研究生创新人才培养建设项目:研究生教育精品课程:《乔伊斯研究》和上海对外经贸大学2020年内涵建设最终成果。

本次创作实践由上海对外经贸大学爱尔兰研究中心(Irish Studies Centre, SUIBE)组织。该中心自成立以来,走的是理论研究与学术实践相结合的道路,旨在以研究爱尔兰文学研究和作品翻译为基础,进而探究爱尔兰文化、历史、政治、经济等领域,增进"中—爱"两国的友谊和相互了解,加强该校与爱尔兰高校之间的学术交流。

在上海对外经贸大学各级领导的支持下,在本校不同部门的协作下,该作历时1年多完成,是团队智慧及合作的结晶。此研究团队主要由教师和在读研究生组成。该团队成员利用业余时间,多次聚会,制定翻译计划,查找资料,统一格式,讨论翻译疑难,反复校对,联系出版事宜等,勾绘出一条时光的印迹,写就了一曲苦中作乐的求索之歌。

作为上海对外经贸大学爱尔兰研究中心主任、本创作团队组织者、本著作第一责任人,我谨向所有参加撰写和校对的合作者致谢,向上海对外经贸大学各级领导致谢,向支持本研究团队的各部门致谢。

当然,必须感谢我爱人李春梅和儿子冯勃的理解和支持。为了科研,我近期基本上不呆在家,就住我校宾馆或办公室,几乎没有分担家务,也很少与他们共享假期。

但愿,此书为未来中国的爱尔兰教育研究提供参考。

冯建明
2019年夏
上海对外经贸大学
爱尔兰研究中心(教育部备案)

图书在版编目(CIP)数据

当代爱尔兰教育概况/冯建明等著.—上海：上海三联书店，2020.4
ISBN 978-7-5426-6984-1

Ⅰ.①当… Ⅱ.①冯… Ⅲ.①教育-概况-爱尔兰 Ⅳ.①G556.2

中国版本图书馆 CIP 数据核字(2020)第 034149 号

当代爱尔兰教育概况

著　　者／冯建明　等

责任编辑／职　烨
特约编辑／宋寅悦
装帧设计／一本好书
监　　制／姚　军
责任校对／张大伟　王凌霄

出版发行／上海三联书店
　　　　　(200030)中国上海市漕溪北路331号A座6楼
邮购电话／021-22895540
印　　刷／上海展强印刷有限公司

版　　次／2020年4月第1版
印　　次／2020年4月第1次印刷
开　　本／889×1194　1/32
字　　数／130千字
印　　张／5.75
书　　号／ISBN 978-7-5426-6984-1/G·1554
定　　价／48.00元

敬启读者，如发现本书有印装质量问题，请与印刷厂联系 021-66366565